本书由以下项目资助

国家自然科学基金面上项目“全球变化背景下‘丝绸之路经济带’的
生态环境支撑能力及可持续发展研究”(41971127)

国家自然科学基金面上项目“基于生态系统健康的流域可持续管理能力
评价研究——以西部典型内陆河流域为实证”(71373109)

国家自然科学基金重大研究计划“黑河流域生态-水文过程集成研究”
培育项目“近50年来黑河流域水环境演变与人类活动耦合机理研究”(91125020)

Study on the Sustainable Development of "Silk Road Economic Belt"
Based on the Perspective of Coupled Human and Natural Systems

"丝绸之路经济带"可持续发展研究

——基于自然人类耦合视角

张大伟　徐　辉　等/著

科 学 出 版 社
北　京

内 容 简 介

本书将“丝绸之路经济带”域内的资源环境生态作为一个有机整体，站在全球视野，首先通过选取核心和关键指标，综合和集成自然科学的手段和方法以表征人文社会科学的关注和需求，构建了基于生态-环境系统、生态-经济系统、生态-社会系统、生态-文明系统在内的“丝绸之路经济带”可持续发展能力评估模型；其次以2016年底为时间节点，选取并挖掘了50个国家1991~2012年的数据，分别从国家、区域及全球的角度，按时空序列综合分析“丝绸之路经济带”整体及域内各国资源环境生态的历史现状、时空动态、演化规律、互补潜能及可持续发展能力等，并进行全球性的定位分析和域内格局分析；最后，通过发展趋势预测和平衡性布局的纵横向比对，综合提出基于资源环境约束条件下的“丝绸之路经济带”可持续发展的对策建议，即基本判断、总体方案、“近中远期结合、宏中微观结合”的主体方案和补充方案。

本书可作为生态学、环境科学、资源科学、经济学、社会学等诸多学科领域的科研、教学及管理实务工作人员的工具书，也可为相关专业本科生和研究生提供学习参考。

图书在版编目(CIP)数据

“丝绸之路经济带”可持续发展研究：基于自然人类耦合视角/张大伟等著. —北京：科学出版社，2021.6

ISBN 978-7-03-068205-5

Ⅰ.①丝… Ⅱ.①张… Ⅲ.①丝绸之路-经济带-可持续性发展-研究-世界-1991-2012 Ⅳ.①F113.4

中国版本图书馆CIP数据核字（2021）第038948号

责任编辑：李晓娟 / 责任校对：樊雅琼

责任印制：吴兆东 / 封面设计：无极书装

科学出版社 出版

北京东黄城根北街16号

邮政编码：100717

http://www.sciencep.com

北京建宏印刷有限公司 印刷

科学出版社发行 各地新华书店经销

*

2021年6月第 一 版 开本：787×1092 1/16

2023年2月第二次印刷 印张：10

字数：300 000

定价：138.00元

（如有印装质量问题，我社负责调换）

《“丝绸之路经济带”可持续发展研究——基于自然人类耦合视角》撰写委员会

主　　笔：

张大伟　徐　辉

成　　员：

马　月　武玲玲　王亿文　张宗艳

黄思琪　郭梓聪　傅馨逸

前　言

面对和平与发展的当今时代主题，合作与共赢已经成为国际社会的根本利益和必然选择、人类社会的共同理想与美好追求。“一带一路”倡议，因其理念的先进性、机制的开放性、文明的包容性、合作的务实性、利益的普惠性和成果的共享性，顺应了世界多极化、经济全球化、文化多样化、社会信息化的时代潮流，也符合新时代全球治理体系变革、全球共同繁荣发展和人类命运共同体构建的内在要求。共建“一带一路”，作为我国主动参与全球开放合作以及全球治理新模式的积极探索、中国智慧和中国方案，必将为世界的和平与发展增添新的增长动力和发展模式。

“丝绸之路经济带”作为“一带一路”倡议最为重要和核心的组成部分，沿线国家大多地缘相邻或相接，自然资源蕴藏丰富，发展意愿非常强烈，具有很强的经济互补性、巨大的发展潜力和广阔的合作空间，日益受到域内外各国和组织的广泛关注与积极参与。但由于其主体处于干旱半干旱区，沿线国家大多生态环境脆弱，受全球气候变化的影响相对于其他区域更为敏感和剧烈，共同面临着更为严峻的水资源短缺、生态系统巨变、自然灾害频发和自我恢复能力较弱等问题，其发展对自然生态环境条件支撑和资源开发利用的压力及制约的响应更为明显。同时，随着“一带一路”倡议的深入实施，沿线国家的人类活动必将进一步加剧，特别是域内各国工业化、城镇化进程对其生态环境的压力将进一步增强，进而给域内的经济社会发展带来更为显著的压力、影响和挑战。“丝绸之路经济带”不仅是“一带一路”倡议建设的重中之重，更是“一带一路”倡议建设面临的重大挑战。因此，基于“丝绸之路经济带”资源环境生态整体性、系统性、动态性等科学认知基础上的绿色可持续发展的战略布局和顶层设计等研究与需求已经非常迫切，其资源环境生态的可持续支撑能力以及资源开发利用的可持续供给潜力如何？生态环境质量改善、资源利用效率提升以及可持续发展路径选择如何？等等都是急需回答的问题。

近年来围绕“丝绸之路经济带”的研究非常之热，几呈井喷之势。通过对已有研究成果的梳理，不难发现研究整体呈现出“四多四少”的特点，即国内成果多，国际成果少；人文社科领域多，自然科学领域少；战略性一般性研究多，基础性系统性研究少；局部性研究多，整体性研究少。总体来讲，有关“丝绸之路经济带”可持续发展的自然环境和生态本底的支撑能力与演变规律等方面的关注度不够，而基于以上基础的综合性、整体性、系统性的研究成果和对策建议则更显薄弱。

针对以上需求和不足，本书尝试将“丝绸之路经济带”域内的资源环境生态作为一个有机整体，站在全球视野，首先通过选取核心和关键指标，综合和集成自然科学的手段与方法以表征人文社会科学的关注及需求，构建基于生态–环境系统、生态–经济系统、生态–社会系统、生态–文明系统在内的“丝绸之路经济带”可持续发展能力评估模型；其次以2016年底为时间节点，选取并挖掘了研究中讨论较多的50个国家1991～2012年的数据，分别从国家、区域及全球的角度，按时空序列综合分析“丝绸之路经济带”整体及域内各国资源环境生态的历史现状、时空动态、演化规律、互补潜能及可持续发展能力等，并进行全球性的定位分析和域内格局分析；最后通过发展趋势预测和平衡性布局的纵横向比对，提出“丝绸之路经济带”可持续发展的实现路径和建议方案。具体来讲，重点开展以下几方面工作。

（1）构建“丝绸之路经济带”可持续发展能力评估模型。选取人类社会可持续发展的环境影响领域，认可度较高和适用范围较广的几个方法进行综合与集成，采用生态足迹模型、生态经济系统发展能力计算模型、人类发展指数模型和生态效率计算模型，分别表征生态–环境系统、生态–经济系统、生态–社会系统和生态–文明系统，综合形成“丝绸之路经济带”可持续发展能力评估模型。

（2）“丝绸之路经济带”自然和人类耦合状态的全球定位与域内格局分析。通过与全球生态足迹、生态承载、生态供需、生态盈亏、生态效率及其对可持续发展支撑能力等情况的纵向横向比对，将“丝绸之路经济带”的自然和人类耦合状态与生态支撑能力进行全球性定位分析。通过“丝绸之路经济带”沿线国家生态组分多个指标的纵向横向比对，对各国自然本底、区域分异、演变趋势及其对域内可持续发展的支撑能力等自然和人类耦合状态进行全方位的域内格局分析。

（3）“丝绸之路经济带”可持续发展能力评估及平衡性布局分析。利用“丝绸之路经济带”生态足迹模型结合聚类分析方法对域内各国不同资源类型和利用情况的生态盈亏总量与人均生态盈亏量及其分布规律进行分析，进而探讨域内资源环境互补潜能、平衡性布局及其潜在辐射流动路径。

（4）绿色“丝绸之路经济带”可持续发展能力预测及对策建议。应用灰色预测模型对域内和全球的生态足迹模型相关生态指标的发展变化趋势及其对可持续发展的支撑潜力与变化趋势进行预测分析，综合提出了“丝绸之路经济带”可持续发展的总体思路、具体目标、重点领域、主要任务、合作机制和实现路径等对策与建议。

研究结果显示：

（1）从“丝绸之路经济带”可持续发展的全球性定位分析来看，1991～2012 年，“丝绸之路经济带”域内 50 个国家的人均生态足迹、人均生态承载力与人均生态赤字均明显高于全球，且人均生态赤字与全球呈现同步逐年增加的趋势，说明“丝绸之路经济带”的可持续发展压力和需求更加迫切；但域内各生态指标的年均变化率与全球相比都明显偏低，说明其对自身自然资源与生态产品的生态供给能力或支撑能力要明显优于全球；特别是 2008 年以后，“丝绸之路经济带”人均生态赤字与全球人均生态赤字相比，两者之间的差距呈现出逐步缩小的态势，进一步暗示“丝绸之路经济带”呈现出明显趋好的可持续发展潜力和操作空间。

（2）从“丝绸之路经济带”可持续发展的全方位内部格局分析来看，“丝绸之路经济带”按照亚太地区（蒙古国除外）和南亚—中东和中亚地区—欧洲其他国家—欧盟总体上呈现出由南到北、由东到西的地理方位分布和变化特征，以人均生态足迹、人均生态承载力与人均生态盈亏等为测度的生态–环境系统总体上呈现阶梯状逐渐增加，以生态经济系统发展能力、人类发展指数与生态效率等为测度的生态-经济系统、生态-社会系统、生态-文明系统总体上逐渐提高，可持续发展程度也相应呈现出低等可持续极低效发展—重度不可持续低效发展—中度不可持续中效发展—轻度不可持续高效发展的变化趋势。

（3）从“丝绸之路经济带”可持续发展的平衡性布局分析来看，选取人均生态盈亏量与生态盈亏总量为主要指标，“丝绸之路经济带”域内各国生态足迹账户的农业资源、草业资源、林业资源、渔业资源、化石能源和建筑工程土地六种生物生产性土地利用类型及其所承载的不同资源利用类型的容量大小、生态盈亏与互补潜能均呈现出一定的面积比重特征、地理分布特征和潜在的资源流动及互补特征，其中化石能源消耗与 CO_2 排放是整个区域生态赤字走向的主导者，农业资源是区域生态赤字最大短板和瓶颈。在此基础上构建了“丝绸之路经济带”域内不同资源互补的资源潜在辐射流动图，旨在通过域内循环最大限度地提升域内资源的充分和平衡利用，有效缓解或减少“丝绸之路经济带”部分国家乃至整个区域的生态赤字。

（4）从“丝绸之路经济带”可持续发展的未来变化趋势的预测结果来看，在2013～2025年较短时间序列上，“丝绸之路经济带”人均生态赤字与全球人均生态赤字均呈现出逐年恶化的变化趋势，但相对于全球而言，“丝绸之路经济带”人均生态赤字的增加率较低，且将于2025年前后与全球人均生态赤字趋于持平的态势。说明“丝绸之路经济带”的资源利用效率比全球更好一些，具有更好的、向好的资源环境生态改善和可持续发展的潜力与前景，如能采取域内资源互补、进一步提高资源利用效率等有效措施，这种生态赤字持平的趋势将可能提前实现，并从根本上实现逆转。

通过以上研究，我们提出以下基于资源环境约束条件下的“丝绸之路经济带”可持续发展的对策建议，即基本判断、总体方案、“近中远期结合、宏中微观结合”的主体方案和补充方案。

（1）基本判断：对于“丝绸之路经济带”域内大多数国家来说，随着域内“五通”目标的推广示范和稳步推进，必将有效提升域内的资源利用效率和强化域内的资源互补优势，这将是比通过增加域外生态资源的进口量来减少人均生态足迹、提升域内生态承载力更为经济、有效和首要的资源获取利用的决定性因素与缩减域内生态赤字的策略性选择。在此基础上，如能实现域内各国的深度合作、成果共享，再辅以转变经济发展模式和提升资源利用效率，这一可持续发展的优势将更加稳固。

（2）总体方案：一要加强研究，加大宣传，促使域内各国尽快形成协同发展与环境保护共识，着眼长远、统筹全局、强化联动、共谋发展，切实形成“命运共同体”；二要根据现实需求、轻重缓急和可行性条件，制定分步实施和重点突破的建设方案，通过示范示效，加速推进域内资源高效流动、经济社会发展和民生福祉提升，共享成果，加快形成“利益共同体”；三要做好顶层设计、整体规划和制度构建，通过加大投入、强化合作、鼓励创新，大举提高域内资源利用效率、大力拓展域内替代资源渠道、大幅降低域内资源开发利用成本，从而有效降低域内生态足迹、缓解域内生态赤字，通过责任共担，推动形成“责任共同体”。通过以上“命运、利益、责任”三个共同体的建立，从根本上促进“丝绸之路经济带”可持续发展目标的实现。

（3）主体方案：依据“近中远期结合、宏中微观结合”的原则，提出从“宏观-中观-微观”三个层面分步推进的主体实施方案，即近期，要在加强基础理论研究，完善“一带一路”倡议的理论体系，加大推介宣传力度的同时，更加注重因地制宜的特色项目设计，通过绿色高效建设形成示范效应，以持续发展的美好前景展示和良好民意口碑为基础，形成最为广泛的统一战线和参与吸引，实现民意相通；中短期，要以贯通亚欧非三大洲的亚欧大陆桥为主线，以中蒙俄经济合作走廊、中国-中亚-西亚经济合作走廊与中国-中南半岛经济合作走廊等为承载，同时辅以横跨南北且具有显著邻近域特征的东-中-西三个亚区域圈层，构建出域内能够带动不同自然资源合理流转的“东西-南北”运输网络格局，基本实现域内不同自然资源最大限度地、最远距离地流动配置与合理利用，以减少域内总体生态赤字的增加幅度，维持“丝绸之路经济带”自然资源供给和物资生产的可持续发展状态，实现基础相通；中长期，则在民意相通和基础相通的基础上，通过着眼长远，加大投入，及时构建包容差异、聚焦发展，顶层设计、整体布局，机制创新、制度保障，模式调整、经验互鉴，技术攻关、成果共享，长期监测、及时校正，效率优先、风险可控的“丝绸之路经济带”适应性管理和可持续发展的长效机制，实现命运相通。

(4) 补充方案。作为有益补充，为加快倡议的快速推进和稳健运行，稳步实现“丝绸之路经济带”经济社会发展与生态资源环境的绿色、良性、协调的可持续发展之路，除需进一步加快提高域内各国资源利用效率之外，仍需继续扩大域内的参与成员国家，如以农业和渔业资源为主要生态盈余的泰国、老挝、越南以及印度尼西亚等亚洲国家（事实上，截至2017年底本书初稿基本完成时，这些国家已经被纳入），再如以草业和林业资源为主要生态盈余的刚果、南苏丹、安哥拉以及中非等非洲国家；同时，针对域内特殊的资源短板和需求，亦可针对性地、定向地吸收部分域外具有相应明显资源互补特点和流转潜力的国家参与进来，如以农林牧渔等资源为主要生态盈余的美国、加拿大、澳大利亚等域外国家。

本书围绕当前“丝绸之路经济带”众多研究中的短板问题，通过自然科学与人文社会科学的有机结合，涵盖了生态学、环境科学、资源科学、经济学、社会学等诸多学科领域。研究不仅可以为推动“丝绸之路经济带”的三个“共同体”建设和域内各国协作发展、共同繁荣的现代生态文明建设以及域内各国环境经济社会协调可持续发展的规划制定和行动决策提供有益的借鉴及思路，也可以为相关领域的科研人员、管理人员和教师、学生提供学习参考。

作　者

2020年9月

目　　录

第1章 “丝绸之路经济带”可持续发展研究的背景和意义

2013年9月7日，习近平主席在哈萨克斯坦纳扎尔巴耶夫大学发表题为《弘扬人民友谊　共创美好未来》的重要演讲时，首次提出共同建设“丝绸之路经济带”的重大倡议。同年10月3日，习近平主席在印度尼西亚国会发表重要演讲时明确指出，中国将致力于加强同东盟国家的互联互通建设，愿同东盟国家发展好海洋合作伙伴关系，共同建设“21世纪海上丝绸之路”。同年12月，习近平在中央经济工作会议上指出，推进“丝绸之路经济带”建设。习近平指出“为了使我们欧亚各国经济联系更加紧密、相互合作更加深入、发展空间更加广阔，我们可以用创新的合作模式，共同建设‘丝绸之路经济带’”。习近平还提出了通过五方面的措施来推进“丝绸之路经济带”的建设，即加强政策沟通、加强设施联通、加强贸易畅通、加强资金融通、加强民心相通（以下简称“五通”），从而逐步形成以点带面、从线到片、多维度推进的带状区域大合作①。2015年3月28日，国家发展和改革委员会、外交部和商务部又联合发布了《推动共建丝绸之路经济带和21世纪海上丝绸之路的愿景与行动》（以下简称《愿景与行动》）。至此，以“丝绸之路经济带”和“21世纪海上丝绸之路”为核心内容的“一带一路”（The Belt and Road，B&R）倡议正式制定并进入全面推进和建设实施阶段。

“一带一路”倡议是我国面对疲软的全球经济增长形势和复杂多变的国际、区域局势，在统筹国内发展与对外关系的基础上提出的重要构想和全球治理方案，旨在依靠我国与有关国家已有的双边、多边机制和区域合作平台，发

---

① http://www.gov.cn/1dhd/2013-09/07/content_2483425.htm。

展与沿线国家的经济合作伙伴关系，秉持"和平合作、开放包容、互学互鉴、互利共赢"的理念，以"五通"建设为核心内容，共同打造政治互信、经济融合、文化包容的利益共同体、命运共同体和责任共同体（简称"三个共同体"）。"一带一路"倡议不仅顺应了世界多极化、经济全球化、文化多样化、社会信息化的潮流，符合国际社会的根本利益，彰显人类社会共同理想和美好追求，更是国际合作以及全球治理新模式的积极探索，必将有力地推进世界和平发展与造福世界各国人民。"一带一路"倡议构想自提出之后，在国际社会上引起了高度关注和热烈反响。

根据《"一带一路"贸易合作大数据报告2017》，2016年"一带一路"沿线国家已达64个。2017年3月17日，联合国安理会通过了第2344号决议，呼吁国际社会凝聚共识，通过"一带一路"倡议等加强区域经济合作，敦促各方为"一带一路"建设提供安全保障环境等。特别是在2017年10月18日举行的中国共产党第十九次全国代表大会上，习近平总书记在十九大报告中提出"坚持和平发展道路，推动构建人类命运共同体""要以'一带一路'建设为重点，坚持引进来和走出去并重，遵循共商共建共享原则，加强创新能力开放合作，形成陆海内外联动、东西双向互济的开放格局""要积极促进'一带一路'国际合作，努力实现'五通'，打造国际合作新平台，增添共同发展新动力"。2017年10月24日，更是将"遵循共商共建共享原则，推进'一带一路'建设"等内容正式写入新修订的《中国共产党章程》，牵动了全世界的目光，收到了国际社会的广泛赞许和积极响应。

"一带一路"倡议覆盖面之广，合作度之深，资金流之巨，工程量之大，影响力之远，受益人之多，均为世所罕见，这也决定了其顺利推进和实施过程中必然会面临各种各样的问题和不可忽视的挑战。这些问题和挑战，不仅表现在整体国际局势，域内各国在政治体制、经济发展、社会文化、宗教信仰、基础设施、科技实力、生活水平等上层建筑、经济基础和社会文化方面存在的复杂情况和巨大差异；同时也表现在域内各国在资源禀赋、生态环境、灾害防治等自然基础支撑条件和资源开发利用效率方面存在的支撑能力、质量水平、利用效率和恢复弹性等的巨大差异。相对于上层建筑和经济基础而言，这些自然支撑条件和资源开发利用方面的差异与挑战则尤为重要，它们是支撑“一带一路”倡议顺利推进和稳步实施的基本物质基础。必须通过深入研究、通盘考虑、统筹规划、系统优化沿线国家的气候、资源、环境、生态等自然禀赋差别和防灾减灾预警等相关问题，进而通过深入的国际合作，提升“一带一路”倡议建设持续的自然支撑能力、水平和实效。

“丝绸之路经济带”被认为是“世界上历程最长、途经国家最多、辐射区域最广、最具有发展潜力的陆路经济大动脉、大走廊”（胡鞍钢等，2014；汪晓文，2015）。虽然“丝绸之路经济带”沿线国家蕴藏的自然资源很丰富，经济互补性较强，彼此合作潜力和空间很大，但由于地处干旱半干旱区，沿线国家大都是环境和生态脆弱区，受全球气候变化的影响巨大，共同面临着更为严重的水资源短缺、生态系统巨变、自然灾害频发和自我恢复能力较弱等问题。这不仅严重影响着域内生态系统和生物多样性安全，同时也严重影响着域内各国综合国力的持续提升和人民生活的稳步提高（Huang et al.，2017）。因此，相对“21 世纪海上丝绸之路”而言，“丝绸之路经济带”对自然支撑条件和资源开发利用的压力与制约的响应将更为明显，不仅是“一带一路”建设的重中之重，更是“一带一路”建设面临的重大挑战。

维持良好的生态环境是各国经济社会发展的基本条件，也是各国人民共同的愿景和福祉所依，如何趋利避害，将宝贵的自然资源财富转变为综合国力的提升和人民生活水平的提高，更是各国所面临的共同挑战。“丝绸之路经济带”沿线国家地缘相接，拥有着共同而相似的生态环境，其生态环境问题具有明显的整体性和跨国迁移性特征（李泽红等，2014）。随着“丝绸之路经济带”建设的深入实施，沿线国家的人类活动将会显著加剧，特别是域内各国工业化、城市化进程对生态环境的压力将会明显增强，从而给域内经济社会发展带来压力、影响和挑战。因此，本书拟基于自然人类耦合的视角，重点研究“丝绸之路经济带”可持续发展问题，将“丝绸之路经济带”域内资源环境生态作为一个有机的整体，分别从国家、区域及全球角度，按时空序列进行全方位和纵横向的比对分析、趋势预测及对策研究，为“丝绸之路经济带”优化绿色发展和共建文明的顶层设计提供决策参考。

第 2 章　“丝绸之路经济带”概况

“丝绸之路经济带”是在古丝绸之路概念基础上，形成的一个依托陆上国际大通道，致力于打造一条贯穿亚欧非大陆的互联互通的可持续发展国际经济合作走廊。其起源于中国，以沿线中心城市为支点，以环中亚经济带为核心，以亚欧经济带为拓展，主体贯通了东南亚、南亚、中亚、西亚乃至欧洲的大部分区域。放眼国际，“丝绸之路经济带”东连当前世界经济持续强劲增长、最有活力的东亚经济圈，西连以欧洲为联盟的发达欧洲经济圈，中间是发展潜力巨大的广大腹地国家；回望国内，“丝绸之路经济带”不仅连接着陕西、甘肃、青海、宁夏、新疆、内蒙古、重庆、四川、云南、广西等西部各省、自治区、直辖市，而且连接着黑龙江、吉林、辽宁、河南、安徽、湖南、湖北、江西等东北及内陆各省。同时，“丝绸之路经济带”作为一个开放的体系，整体必将形成一条“和平合作、开放包容、互学互鉴、互利共赢”的区域经济一体化建设之路（胡鞍钢等，2014；白永秀和王颂吉，2014）。

为了对“丝绸之路经济带”可持续发展面临的问题和挑战，特别是对“丝绸之路经济带”绿色可持续发展的资源环境约束条件有一个相对全面、客观和准确的把握，以及能提出科学的对策建议和战略布局，有必要对研究区域的基本概况和存在的问题进行相对系统的梳理。下面从四个方面介绍。

2.1　研究区地理区位划分

从地缘经济学角度上看，“丝绸之路经济带”起源于中国，穿过中亚、西亚、南亚、东南亚等地区后，途经里海、黑海、西亚的波斯湾和阿拉伯半岛，直至欧洲的波罗的海、地中海沿岸和北非，其中东南亚、南亚、中亚、西亚乃至中东欧一直都是大国角力的焦点区域（李稻葵和程浩，2015）。根据《愿景与行动》等相关构想（杨恕和王术森，2014；李稻葵等，2014），具体而言，“丝绸之路经济带”从北至南分别规划展示了三条线路。

第一条线路为北线：从中国发起点开始出发，首先穿越蒙古国、哈萨克斯坦北部与俄罗斯西南部地区，然后途经白俄罗斯、立陶宛、拉脱维亚、爱沙尼亚、乌克兰、芬兰、瑞典等东欧、北欧国家，最后到达德国、丹麦、荷兰、比利时、卢森堡、法国、意大利，与英国、爱尔兰等西欧国家相连。

第二条线路为中线：从中国发起点开始出发，首先穿越吉尔吉斯斯坦、塔吉克斯坦、乌兹别克斯坦、土库曼斯坦与哈萨克斯坦南部等中亚地区五大国家之后，然后穿越里海到达南岸的亚美尼亚、格鲁吉亚、阿塞拜疆，经过黑海，最后到达捷克、斯洛伐克、奥地利、匈牙利、罗马尼亚、克罗地亚、保加利亚、斯洛文尼亚等中欧、南欧国家。

第三条线路为南线：从中国发起点开始出发，首先穿越缅甸和孟加拉国等相邻国家，然后途经印度、巴基斯坦、阿富汗等东南亚、南亚和西亚地区，最后经过伊朗到达塞浦路斯、以色列、约旦、伊拉克和阿拉伯半岛等中东地区。

“丝绸之路经济带”是一个开放的体系，所以政府和学界对其尚未形成统一的界定和判断，但结合已有研究文献（白永秀和王颂吉，2014；李稻葵等，2014；董锁成等，2014；潘竞虎等，2016），可以大致形成一个关于“丝绸之路经济带”的范围概念。根据 2012～2013 年的相关统计数据，从狭义的口径估算，“丝绸之路经济带”地域覆盖面积约为 3962.12 万 km^2，约占世界陆地总面积的 26.59%；总人口为 21.75 亿～31.47 亿人，占世界总人口的 30.87%～44.67%；经济总规模为 13.42 万亿～16 万亿美元，占世界经济总规模的 18.54%～22.1%，如果按照购买力平价计算，其经济规模更大，约占世界经济总规模的 26.9%。而从广义的口径估算，“丝绸之路经济带”地域覆盖面积为 4907.4万～7192 万 km^2，占世界陆地总面积的 32.94%～53.6%，总人口为 40.71 亿～53.76 亿人，占世界总人口的 57.42%～77.5%；经济总量为 27.48 万亿～46.65 万亿美元，占世界经济总量的 38.3%～65.0%，如果按照购买力平价计算，其经济规模占世界经济总规模的比例将会更高。同时，随着世界各国对“丝绸之路经济带”认可度的不断提升，参与国家或国际组织始终处于持续、快速的增加态势，相关信息可以直接从2017年3月正式上线运行的中国一带一路网（https://www.yidaiyilu.gov.cn）中不断更新的参与成员单位名录获得。总之，“丝绸之路经济带”以中国为“心脏”，将发展中的东亚、东南亚与发达的欧洲经济体和发展中的非洲相连接，构成了亚欧非三大洲广大地区经济贸易和人文交流的大动脉，必将为国际政治经济新秩序不断迸发并输送新的动能和新鲜血液，具有极其重要的地理位置和战略价值，以及巨大的市场潜力和发展空间（董锁成等，2014；王志远，2015）。

为此，本书选取了具有相对比较广义也是众多研究中提及最多的50个国家作为研究对象，具体包括：中国、蒙古国、哈萨克斯坦、俄罗斯、乌克兰、白俄罗斯、立陶宛、拉脱维亚、爱沙尼亚、芬兰、瑞典、波兰、捷克、斯洛伐克、奥地利、匈牙利、罗马尼亚、克罗地亚、保加利亚、希腊、斯洛文尼亚、德国、丹麦、荷兰、比利时、卢森堡、法国、意大利、英国、爱尔兰、葡萄牙、西班牙、吉尔吉斯斯坦、塔吉克斯坦、乌兹别克斯坦、土库曼斯坦、格鲁吉亚、阿塞拜疆、亚美尼亚、阿富汗、巴基斯坦、印度、缅甸、孟加拉国、伊朗、塞浦路斯、以色列、约旦、伊拉克和叙利亚。

2.2 研究区自然生态环境背景

“丝绸之路经济带”核心主体处于干旱半干旱区。干旱半干旱区是发展中国家较为集中的区域，也是全球气候变化最敏感的区域，微小的气候变化都会对这一区域造成更为显著的影响，相对湿润区而言，干旱半干旱区承受的气温增暖等气候灾害要严重很多，且未来全球干旱半干旱区仍将加速扩张（Huang et al.，2017）。已有研究表明，过去一个多世纪以来，虽然全球干旱半干旱区人为CO_2的排放量只有湿润区的30%左右，但其升温比湿润区要高20%~40%。而如果根据《巴黎协定》所确定的全球2℃升温目标来进行预估，当未来全球平均升温达2℃时，湿润区的升温将为2.4~2.6℃，而干旱半干旱区的升温将达3.2~4℃，比湿润区要高出44%左右，呈现出显著的非对称性特征。

气候变暖、干旱加剧和人口增长的共同作用，将进一步增大干旱半干旱区广大发展中国家发生荒漠化的风险，从而导致农作物减产、地表径流减少和疟疾传播等气候灾害及风险加剧，使得全球的社会经济发展更加趋于不平衡（Huang et al., 2017）。

“丝绸之路经济带”贯穿亚欧非大陆，沿线国家或地区的生态环境总体可视为一个有机整体，其生物地理分区包括了古北界全部（包括亚欧大陆绝大部分和非洲北部）和部分东洋界（包括印度次大陆、东南亚及其附近的岛屿），生态环境背景总体较为脆弱（李泽红等，2014）。根据《丝绸之路经济带生态环境格局与生态文明建设模式》（李泽红等，2014）可知，“丝绸之路经济带”沿线可以划分为357个不同等级的生态区域系统，其土壤、植被等生物和非生物要素存在明显的地带性、梯度性分异变化规律。根据2012年联合国粮食及农业组织（Food and Agriculture Organization of the United Nations，FAO）发布的世界土壤数据库绘制的“丝绸之路经济带”域内各国原始土壤和土地覆被类型可知，“丝绸之路经济带”地区共包含30个土壤组类型，其中薄层土所占面积最大，约占12%；其次为始成土，约占9%；而钙积土和灰壤土，各约占8%；域内的中国西北部、蒙古国、中西亚、北非等地区则因沙漠戈壁和荒漠土地所占比重较大，土壤总体比较贫瘠。同时，“丝绸之路经济带”域内的植被覆被类型差异性也非常显著，其中中国西北部、中亚、中东以及非洲北部等地区以裸地荒漠为主要覆被类型，尤其是第二亚欧大陆桥中段生态环境脆弱，荒漠化和沙漠化问题非常严重；而北部的西伯利亚和欧洲的植被覆被类型则以阔叶林和针叶林为主；中国东北部以及东欧则有明显的耕地类型（李泽红等，2014；李新武等，2016）。

总的来讲，“丝绸之路经济带”地域辽阔，被誉为21世纪的战略能源和资源基地，不仅蕴藏着丰富的自然资源、矿产资源、能源资源、土地资源和宝贵的旅游资源，而且沿线国家经济的互补性也较强，彼此合作潜力和空间也很大，但该区域交通不够便利，且由于主体处于干旱半干旱区，沿线国家大都是环境和生态脆弱区，受全球气候变化的影响巨大，共同面临着更为严重的水资源短缺、生态系统巨变、自然灾害频发和自我恢复能力较弱等问题。

首先，从东亚、中亚到中东以及非洲北部的诸多国家，水资源非常短缺且时空分布极为不均，水资源需求的结构性矛盾异常突出，农业用水始终是域内核心区各主要国家或地区占主导性的耗水因素。而从东亚到南亚的诸多国家，由于其河流多为跨境河流，跨境水资源开发利用矛盾非常突出（郭利丹等，2015）。

其次，第二亚欧大陆桥中段荒漠化和沙漠化问题非常严重，尤其是地处“丝绸之路经济带”核心区的中国新疆、中亚地区及其周边区域的典型生态环境退化，已经上升为全球干旱地区生态环境问题突出的地区（李新武等，2016）；同时已经重点规划建设的中巴经济走廊、中缅孟印经济走廊、中尼印贸易通道的相关国家自然环境严酷，灾害严重而频发（李新武等，2016）。

最后，“丝绸之路经济带”域内各国大气环境和水环境污染存在跨界传输的通道，在人类活动和全球变化的共同影响下，特别是随着域内各国经济社会的快速发展，生态环境的压力也在明显增加，不仅伴生着域内干旱区扩张的压力，还伴生着洪涝干旱、冰湖溃决、冰川融化、雪线上升、泥石流滑坡等环境和地质灾害，更伴生着各国大气、土壤、水环境等污染日趋加重，局部地区生态环境已经出现恶化的趋势，如因过度开发利用，咸海已经濒临消失，里海依然污染加重，域内生物多样性锐减等（李泽红等，2014；李新武等，2016；Huang et al.，2017）。

“皮之不存，毛将焉附”，“丝绸之路经济带”域内的经济社会发展与资源环境生态的保护息息相关，鉴于以上实际，其经济社会发展对自然支撑条件与资源开发利用压力和制约的响应将更为明显，特别是随着“丝绸之路经济带”建设的快速稳步推进，沿线国家和地区的人类活动必将明显加剧，工业化、城镇化对生态环境的压力也必将明显增强，部分国家和地区脆弱的生态环境所面临的威胁及由此引发的生态环境变迁，不仅会严重威胁到域内各国和地区生态系统与生物多样性的安全，同时也会严重影响到域内各国和地区综合实力的持续提升与人民生活的稳步提高。所以，“丝绸之路经济带”建设必须首先考虑并协调解决好区域经济社会发展和资源环境生态保护两者之间的关系，通过深入研究，做好顶层设计，进行科学统筹，提前规划布局，以实现促进“丝绸之路经济带”绿色可持续发展的目标。

2.3 研究区地缘政治人文环境

“丝绸之路经济带”是基于历史上“古丝绸之路”概念发展而来的一条新兴经济带，是亚欧大陆人类重要的聚居区域和人类文明的重要发祥地，处于东西方多个文明交汇的地区，融合了基督教（天主教、东正教）、伊斯兰教、佛教等多个宗教，不同民族与种族共同生活，呈现出多样性长期共存的特点。

“古丝绸之路”最早起源于2100多年前中国西汉时期，以长安（今中国陕西西安）为起点，一路向西，经关中平原、河西走廊、塔里木盆地（今中国新疆境内），到锡尔河与阿姆河之间的中亚河中地区和伊朗高原，并连接西亚、地中海各国，乃至欧洲的罗马（古称大秦，详见《后汉书·西域传》）。“古丝绸之路”开拓出了一条连接中国与中亚、西亚以及欧洲的古代陆上商业贸易走廊和东西方文明交流通道。在其之后的千百年时间里，不同地域、不同种族、不同文化背景的人们将亚欧大陆东端生产的丝绸、蚕丝、瓷器、茶叶等，以及冶铁术引入中亚、西亚、欧洲和北非，同时将西方的葡萄、石榴、蚕豆、胡麻、香料、汗血马、胡琴等运往东部，互通有无，互学互鉴，将这条贸易走廊不断延长和壮大，促进了古代东西方经济、政治和文化的交流、融合与共同繁荣。作为经济全球化的早期版本，这条贸易走廊被誉为“全球最重要的商贸大动脉”，之后更被人们形象地称为“丝绸之路”，成为古代亚欧大陆各民族经济文化交流和融合的代表，直至16世纪仍保留使用。之后，由于历史原因和现实困难，特别是随着工业革命和两次世界大战先后爆发，受限于自然地理环境、基础设施建设、经济发展阶段等因素，“古丝绸之路”始终都没有形成一个政治一体化或经济一体化的上层建筑模式，虽然自20世纪20年代以来，域内各国经济的快速发展带动了一定的商贸往来和文化交流，但这种商贸往来和文化交流却始终没有形成规模性气候，甚至屡屡陷于停滞（周明，2014；袁胜育和汪伟民，2015）。

当今世界格局正在持续发生着复杂而深刻的变化，国际金融危机深层次的影响继续显现，世界经济复苏乏力、发展分化，各国面临的发展问题依然严峻。在世界经济体系、国际投资贸易格局、区域和多边投资贸易规则等正在酝酿着深刻变革的大背景下，中国“丝绸之路经济带”概念的提出，不仅是中国构建、扩大和深化全方位对外开放新格局的需要，也是加强和亚欧非及世界各国互利合作的需要，对于再次建立和加强沿线国家的互联互通伙伴关系，构建全方位、多层次、高水平、复合型的互联互通网络和区域经济合作架构，疏通和加强亚欧非各国的经贸关联，推进区域经济一体化，强化全球自由贸易体系和维护开放型世界经济无疑都具有非常重要的意义（胡鞍钢等，2014）。“丝绸之路经济带”是国际合作以及全球治理新模式的积极探索，顺应了世界多极化、经济全球化、文化多样化、社会信息化的历史潮流，符合国际社会的根本利益和人类社会的共同理想与美好追求。

包括“丝绸之路经济带”在内的“一带一路”倡议的推进和实施及其在沿线国家的落地生根与开花结果，既超越又有赖于传统的地缘政治，可以说是挑战和机遇并存。其主要表现在以下两方面：

一方面，总体来讲“丝绸之路经济带”建设推进和实施所面临的内外部环境的基本面是好的，并呈现出持续向好的发展趋势，只要战略上不出现大的失误，应对得当，虽不可避免地会出现波动，但产生颠覆性结果的概率不会太高。

首先，世界虽然正处于大发展、大变革、大调整的时期，但是和平与发展仍然是时代的主题，对美好生活的向往仍然是人类不变的诉求，各国之间的相互联系和相互依存正在日益加深，全球治理体系和国际秩序变革正在加速推进，国际力量的对比将更趋平衡。

其次，作为“丝绸之路经济带”建设的发起者和组织者，中国所面临的国际环境已经不可同日而语，通过长期奉行“北联、西进、东拓、南合”的战略措施，周边国家的地缘政治关系不断加强，与各国经济贸易往来、基础设施建设、科教文化交流等国际和地缘经济合作正在不断深化，大国在中国周边地区的激烈对抗也日趋被动和缓和，特别是“丝绸之路经济带”优先发展区域的中亚地区和俄罗斯，在经过 20 多年的合作发展以及建立上海合作组织

（Shanghai Cooperation Organization，SCO）等合作框架后，双多边关系均取得了前所未有的巩固和发展，同时建立起了诸多共同的实质性利益链接和互惠关系，如已经建立起重要的能源通道，以及铁路、公路和航空通道，其他诸如电信、网络等基础设施建设项目和更深入的合作项目等也正在积极地洽谈和推进之中，等等。可以说，中国现在面临的双边多边关系和发展机遇空间是中国历史上近100多年来最好的时期。

再次，作为“丝绸之路经济带”建设的倡导者和发起者，中国已经与世界上主要的经济体或众多国家都建立了重大的、紧密的经济联系，中国已成为全球贸易主导者之一。《中国贸易外经统计年鉴2016》数据显示，中国（不含港澳台）2015年的货物进出口总额约为3.96万亿美元，约占世界货物进出口总额的12%，已连续三年保持全球货物贸易世界第一的位置（其中出口额占世界出口总额的13.8%，连续7年位居世界第一）；而据美国联合通讯社（简称美联社）相关报道，截至2011年，中国已经成为世界上124个国家的最大贸易伙伴，超过美国（76个），成为全球众多国家的最大贸易伙伴；而截至2012年底，中国已经成为世界上128个国家的最大贸易伙伴。按此发展态势，未来仍将有更多的国家以中国为第一大贸易伙伴。

最后，则是中国自身，自1978年改革开放以来，经济发展持续快速，社会稳定和谐进步，人民生活稳步改善，综合国力大幅提升。据世界银行网站公布的数据，中国2015年GDP已达11万亿美元，约占世界GDP的14.71%，自2010年首次超越日本以来，已经成为并稳居世界第二大经济体的国家，对整个世界经济增长的年均贡献率更是超过了30%，超过美国、日本以及欧元区国家的总和，且仍然保持着强劲中高速的增长态势，与长期位居第一的美国之间的差距也正在快速缩小（图2-1）。国务院新闻办公室2018年发表的《改革开放40年中国人权事业的发展进步》白皮书以及世界银行发布的统计数据和研究报告显示，改革开放以来，中国有8亿~8.5亿人口摆脱了贫困，对全球减贫事业的贡献率超过了70%；世界银行研究报告还显示，共建“一带一路”预计将帮助760万人口摆脱极端贫困，3200万人口摆脱中度贫困。另外，根据中国政府2019年发表的《新时代的中国国防》白皮书和联合国会费委员会的估算，中国已经成为联合国安全理事会五个常任理事国中派出维和人员最多的国家，中国贡献的维护世界和平的经费出资已经多年位居世界第二位，等等。以上这些都为“丝绸之路经济带”建设的稳步推进提供了强有力的国际国内环境、发展动力以及基础条件。

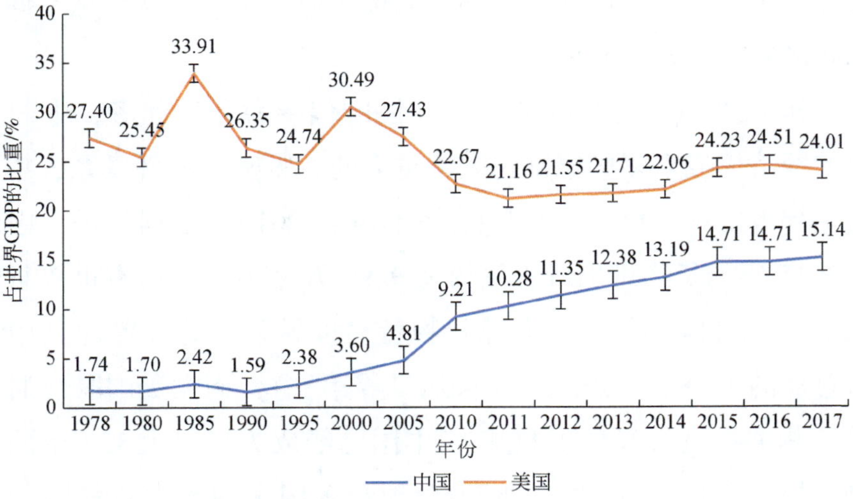

图 2-1　中美 GDP 占世界 GDP 的比重变化

资料来源：根据世界银行网站最新数据整理（http://data. worldbank. org. cn/indicator/NY. GDP. MKTP. CD? view=chart）

另一方面，由于世界正处于大发展、大变革、大调整的关键时期，“丝绸之路经济带”建设同样面临着不可忽视的甚至严峻的地缘政治风险和人文环境挑战，必须加以高度重视和妥善应对。

首先，虽然当前国际局势总体保持了和平、缓和与稳定态势，大国关系仍以合作为主并保持相对稳定，但局部性的矛盾、战争、动荡与冲突却此起彼伏，甚至激化，特别是与“丝绸之路经济带”直接相关的整个亚欧非地区仍然面临着一些严峻的地缘政治、国家安全和社会稳定方面的挑战，国际国内关系错综复杂，政治过渡、社会转型、民族宗教、防恐安全、人类发展、生态环境等重大问题纵横交织、复杂异常，给“丝绸之路经济带”建设带来了不可忽视的外部环境影响。

其次，中国周边的地缘政治环境，同样存在着许多错综复杂甚至不确定性的因素。在世界大国中，中国是除俄罗斯之外周边邻国最多的国家，由于这些邻国本身的历史变迁、民族宗教、社会制度和发展水平等差别较大，外加内外部大国在此的长期博弈、历史考量和战略选择，中国必将长期面临地缘政治、国家安全与稳定发展的挑战（毛汉英，2014）。例如，中亚西亚地区，由于本国的政治控制能力、经济基础实力、人民生活水平等方面相对较弱，外加域内外大国在这一区域的激烈博弈，各类宗教极端势力和民族分裂势力在域内获得土壤和生机，也助长了国际恐怖势力快速兴起、相互勾结并长期活跃，对其本国、域内各国乃至中国的国家安全以及反恐形势造成长期而艰巨的压力；外加其他周边问题的并发和交织，维护和平稳定的周边环境始终是中国政府长期而艰巨的任务。

再次，“丝绸之路经济带”沿线国家国情和发展水平不同，政治制度、社会结构和经济发展模式各异，给“丝绸之路经济带”建设的推进和实施带来相当多的不利条件甚至障碍。相对来讲，“丝绸之路经济带”东西两头各方面情况略好，中间的沿线国家大部分地区都存在城市密度低、产业密度低、人口密度低，以及经济发展状况差、自然环境本底差、基础建设条件差等情况，国家间的合作不同程度地存在着“不联不通，联而不通，通而不畅”等问题。除此之外，沿线众多国家的经营环境也非常复杂，由于域内各国乃至各国不同区域的商业习惯、政策约束和法律环境各异，短期内尚无法形成统一的域内规则和运行机制，也给国外企业的投融资和经营带来一定的挑战与风险（杨恕和王术森，2014；张祖群，2015），包括国别政策风险、金融监管风险、利益共享风险和高成本运营风险等。

最后，从文化地理学的视角来看，不论按何种文化分区划分，“丝绸之路经济带”都将途经东亚文化区（中国–日本–韩国–朝鲜等）、斯拉夫文化区（俄罗斯–东欧）、突厥文化区（中亚–西亚）、欧洲文化区、阿拉伯文化区（北非–西亚）、亚撒哈拉非洲文化区，乃至东南亚文化区和南亚文化区等现存文化区中的主要或多数文化区。正如美国学者塞缪尔·亨廷顿于 2013 年在《文明的冲突》中提到的“正在出现的全球政治主要和最危险的方面将是不同文明集团之间的冲突”。不同文化区之间存在着不同的生产形式、生活方式、宗教信仰、意识形态、语言体系、风俗习惯以及对自然的认知和适应等各种文化现象与特征方面的巨大差异，并因此引发不同文化之间长期的冲突和持续的演变。典型的如中亚地区，这里不仅是伊斯兰教信众聚居区，同时作为连接亚欧两洲南北和东西的重要陆上交通枢纽，被英国地理学家麦金德称为“历史的地理枢纽”，战略地位十分重要，一直存在着“谁能控制中亚就能控制亚欧大陆，谁能控制亚欧大陆就能控制全世界”的说法，再加上区域内拥有丰富的能源和矿产资源，一直都是各国争夺和博弈的区域，也因此成为多种文明激烈交汇和剧烈碰撞的区域，在外部势力不断渗透和挑唆下，区域内民族问题、宗教矛盾、恐怖势力、跨国犯罪等纵横交织、错综复杂，成为影响区域和平、安全与稳定的毒瘤和公害。再如，被英国地理学家詹姆斯·菲尔格里夫（《地理和世界霸权》）称为“地缘破碎地带”的中东地区，一直向北延伸至中亚，向南延伸至印巴，由于海权和陆权之间的权力缺失，域内各国同样对立和冲突持续不断，民族矛盾严峻、宗教冲突激烈、阶级对立尖锐，同样是国际恐怖势力、民族分裂势力与宗教极端势力的重要基地，也因此一直是国际上最为动荡和热点的区域。对以上重大问题和形势的准确判断与恰当应对，直接关系着“丝绸之路经济带”建设的外部环境、进展速度和推进实效（毛汉英，2014；宋长青等，2018）。

正是基于以上方方面面的机遇和挑战，互联互通必将成为国家竞争力的重要内涵，发展战略对接与融通必将成为实现互利共赢的重要方式。

首先，中国提出了以政策沟通为前提、设施联通为基础、贸易畅通为动脉、资金融通为桥梁、民心相通为核心内容的“丝绸之路经济带”建设倡议和思路，旨在构建全方位、多层次、复合型的互联互通网络，实现域内各国多元自主、共建共享、绿色持续的发展目标。

其次，“丝绸之路经济带”是域内合作发展的一种理念和倡议，而非实体和机制，所以必须首先借助和发挥好既有的、行之有效的各种双多边机制与区域合作平台的作用，如上海合作组织（Shanghai Cooperation Organization，SCO）、亚洲太平洋经济合作组织（Asia-Pacific Economic Cooperation，APEC）、中国-东盟（10+1）（China-ASEAN Cooperation）、亚欧会议（Asia-Europe Meeting，ASEM）、亚洲合作对话（Asia Cooperation Dialogue，ACD）、亚洲相互协作与信任措施会议（Conference on Interaction and Confidence Building Measures in Asia，CICA）、中国－阿拉伯国家合作论坛（China-Arab States Cooperation Forum，CASCF）、中国–海湾合作委员会战略对话（China-Gulf Co-operation Council Strategic Dialogue，China-GCC Strategic Dialogue）、大湄公河次区域经济合作（Greater Mekong Subregion Economic Cooperation，GMS）、中亚区域经济合作（Central Asia Regional Economic Cooperation，CAREC）等相对成熟且行之有效的合作机制，亚洲基础设施投资银行（Asian Infrastructure Investment Bank，AIIB）、金砖国家新开发银行（New Development Bank，NDB）、丝路基金（Silk Road Fund，SRF）和上海合作组织开发银行（Shanghai Cooperation Organization Development Bank，SCODB）等专业新型且富有活力并取得了初步成效的区域性多边投资合作平台，以及各种发展论坛、大学联盟、旅游联盟、博览洽谈等方兴未艾且日益深化的区域性交流合作平台，吸引更多国家和地区参与到“丝绸之路经济带”建设当中来。

最后，“丝绸之路经济带”具有开放性和包容性，源于地缘又超越了地缘，必然面对更多国家的响应和参与，对一些尚未能纳入已有合作机制和平台的国家，要充分考虑到不同国家的政治体制、政治稳定性与成熟度差异，创新合作模式和发展思路，高举和平发展的旗帜，秉承“和平合作、开放包容、互学互鉴、互利共赢”的精神和理念，让更多的国家和人民能够积极参与到共商共建共享“丝绸之路经济带”的和平发展事业中来，共同打造政治互信、经济融合、文化包容的利益共同体、命运共同体和责任共同体。

2.4 研究区经济贸易基础

“丝绸之路经济带”所涵盖的经济体在经济结构上具有很强的互补性和广阔的合作前景。

首先，从产业结构来看，“丝绸之路经济带”沿线可以大致分为东、中、西三大产业板块，且经济发展呈现“两端高，中间低”的状态或梯度，不同区域间差异显著，东部连接着发展快速的亚太经济圈，西部连接着相对发达的欧洲经济圈，中部的中亚、西亚、中东和北非等地区则经济发展相对落后。以俄罗斯、中国、印度等欧洲、东亚和南亚部分新兴经济体国家为代表的东部板块，具有较强的创新能力和相对完备的产业体系，总体属于全球中端产品的加工和制造工厂，国家规模相对较大，基本进入了工业化中期阶段，拥有相对丰富的资金、劳动力和技术等资源优势，但同时面临着产能相对过剩的问题，急需开辟广阔的海外产品市场和投资市场。以德国等欧洲国家为代表的西部板块，是拥有高端制造、深度加工以及雄厚科技实力和很强创新能力的发达工业经济体，已经进入了以技术创新驱动为主的后工业化发展阶段，经济体量大，但同时面临着严峻的人口老龄化、主要自然资源紧缺、经济增长缓慢等问题，也很容易受到国际经济动荡的影响，急需拓展外部的资金来源和对外的发展空间。而以中亚、西亚、中东和北非为主体的中部板块，则产业体系相对单一，农牧业比重较高或主要依赖资源出口发展经济，除中东部分石油输出型的高收入国家外，多数国家或地区发展水平落后，经济增长缓慢，人民生活水平低，总体属于低端制造或资源输出的早期工业化经济体，但中部板块的生物资源、油气资源及矿产资源储备都非常丰富，如中亚的乌兹别克斯坦、土库曼斯坦和塔吉克斯坦的棉花产量分别位列全球产量排行榜第 6 位、第 9 位和第 17 位，而中东、俄罗斯等地区或国家的油气资源及矿产资源储量则非常高，无论是开发利用、加工制造、物流运输，还是市场需求等，都与“丝绸之路经济带”域内的其他国家之间形成了天然的契合度，为形成相对便利、低成本、高收益的域内开发和合作发展关系提供了有利条件（董锁成等，2014；潘竟虎等，2016）。

其次，从资源禀赋来看，域内资源高度富集且分布极为不均，既有人多地少、资源相对较为稀缺的经济体，也有油气、煤炭和矿产等资源极为充裕的经济体。例如，东亚部分国家及欧盟大部分国家，国土面积不大，人口密度极高，在经济发展能力、科技创新能力、产品出口加工及消费市场水平等方面整体都处于全球领先地位，但普遍资源匮乏，对外部资源的依赖度很高。相反，俄罗斯及中东、中亚、西亚地区的大部分国家，经济结构相对单一，风险抵抗力弱，虽然在整体实力和发展水平方面没有显著的优势，却拥有得天独厚、储备丰厚的能源和矿产资源，与上述经济体之间形成了天然的互补优势和合作潜力。2017 年《BP 世界能源统计年鉴》数据显示，截至 2016 年底，已探明世界石油储量排名前 10 位的国家（占世界储量的比重）分别是委内瑞拉（17.6%）、沙特阿拉伯（15.6%）、加拿大（10%）、伊朗（9.3%）、伊拉克（9%）、俄罗斯（6.4%）、阿拉伯联合酋长国（5.7%）、利比亚（2.8%）、尼日利亚（2.2%）和哈萨克斯坦（1.8%）；已探明世界天然气储量排名前 10 位的国家（占世界储量的比重）分别是伊朗（18%）、俄罗斯（17.3%）、卡塔尔（13%）、土库曼斯坦（9.4%）、美国（4.7%）、沙特阿拉伯（4.5%）、阿拉伯联合酋长国（3.3%）、委内瑞拉（3.1%）、中国（2.9%）和尼日利亚（2.8%）；已探明世界煤炭储量排名前 10 位的国家（占世界储量的比重）分别是美国（22.1%）、中国（21.4%）、俄罗斯（14.1%）、澳大利亚（12.7%）、印度（8.3%）、德国（3.2%）、乌克兰（3.0%）、哈萨克斯坦（2.2%）、印度尼西亚（2.2%）和波兰（2.1%）。其中大部分国家都已经成为“丝绸之路经济带”的沿线国家，各国各类资源储量总和都超过或接近全球已探明储量的 50%（BP，2017）。

截至 2015 年 7 月底，“丝绸之路经济带”已经初步形成了公路、铁路、航空、港口、管道和口岸设施在内的综合交通运输体系。其中，陆路运输网络总里程已达 48.36 万 km，陆路网密度已达 0.0123 km/km^2，其中公路是以亚洲公路网络为基本框架，呈现“两横两纵”的网络发展态势形态，已通车里程约为 40.33 万 km；铁路则以第二亚欧大陆桥为重点支撑，呈现“两横三纵”的交通网络发展格局，已通车里程约为 8.03 万 km[①]。截至 2017 年 5 月，中欧班列累计开行 4000 多列，连接境外 11 个国家 29 个城市[②]；航空机场呈现的是组团式发展格局，分别组建了中亚组团、西亚组团及中东组团，已经涉及 179 个机场，15 个一类边境口岸；港口主要集中在里海、黑海、地中海、红海、波斯湾以及阿拉伯海沿线的 104 个重点城市[③]。总体来讲，“丝绸之路经济带”

① http://www.xinhuanet.com//politics/2015-07/10/c_128005121.htm。

② http://www.nra.gov.cn/xwzx/xwdt/yjhxw/201705/t20170526_39050.shtml。

③ http://www.xinhuanet.com//politics/2015-07/10/c_128005121.htm。

交通运输联通进展迅速，不仅大大提升了运载能力和周转量，而且节省了运输成本，缩短了运输时间，对域内贸易起到了积极的带动作用，如2014年共有16条中欧货运班列运输笔记本电脑、汽车配件、百货用品等货物，运送货值达48.62亿美元，促进了沿线国家的商品繁荣以及提高了沿线国家人民的生活质量[①]。但同时还应该看到，整体上交通联通建设进度与“丝绸之路经济带”的需求仍存在很大差距，建设压力依然巨大，主要表现为：在陆域道路密度、通行能力、通达状况和道路建设对景观格局的影响的空间分异都十分显著。在道路密度方面，总体呈现出沿海高于内陆，人口密度高、社会经济发展好的区域其道路密度更大的态势，如沿海的东亚、东南亚明显高于内陆的西亚和中亚，欧洲整体高于亚洲，西欧整体高于东欧，而在中印、印欧间仍缺乏有效的主干铁路和高等级公路联通。在通行能力和通达状况方面，受荒漠环境、低温严寒和地形起伏等地理因素影响，中国–中南半岛、孟中印缅经济走廊整体较为均衡，中国–中亚–西亚、中巴经济走廊整体较差，中蒙俄经济走廊和新亚欧大陆桥则两端好中部差。在道路修建对景观格局破碎化影响方面，中国–中亚–西亚、新亚欧大陆桥经济走廊等道路建设对景观破碎度的影响均超过10%。

最后，从城市化发展格局来看，由于受到自然地理条件等影响，“丝绸之路经济带”沿线国家已经初步形成了以各条亚欧大陆桥为空间主轴发展的、特征明显的“沿路、沿海和沿河”的城市化空间格局。城市在“丝绸之路经济带”建设中具有非常重要的引领和带动作用，《愿景与行动》也明确指出，要依托陆上国际大通道，以沿线中心城市为支撑，共同打造新亚欧大陆桥、中蒙俄、中国–中亚–西亚、中国–中南半岛等国际经济合作走廊。但是“丝绸之路经济带”的城市水平和城市人口在空间分布上依然很不均衡，呈现出西北高东南低的城市发展水平和东南高西北低的城市区域人口总量的分布特征。在国家层面上，各国城市化率水平差异很大，根据世界银行网站数据，截至2012年底，德国、俄罗斯等欧洲国家达到70%以上，中国中东部、中东欧、中东、

① https://china.huanqiu.com/article/9CaKrnJIG55。

北非等地区在 50%~70%，东南亚和中亚五国（除哈萨克斯坦外）在25%~50%，阿富汗中部、尼泊尔以及柬埔寨东南部等地区在 25% 以下[①]；在城市规模和水平层面上，有沿亚欧大陆桥分布的京津冀、莫斯科、开罗、雅加达、约翰内斯堡等规模大、历史久、城市化率高的城镇群和都市区，有关中、天山北坡、伊斯坦布尔、安卡拉、滇中、加尔各答、喀什等中等规模、发展快速、潜力巨大的中等城市区域，也有阿拉木图、塔什干、卡拉奇、内罗毕等规模小、活力弱、发展慢但很重要的港口或节点城市。整体来看，“丝绸之路经济带”的城市空间格局呈现出“强边缘，弱中心”、城市体系发育程度低、城市空间联系程度弱的特征，城市等级规模和结构呈现金字塔式与强分散式的特征。城市空间主要围绕京津冀、莫斯科、开罗、巴格达、德黑兰、卡拉奇和拉合尔等大型城市聚集、辐射与关联（董锁成等，2014；潘竟虎等，2016；李德仁等，2017）。

总之，“丝绸之路经济带”机遇良多、挑战不少、前景广阔，所带来的资金、技术、市场及民生等方面的优势互补、互利共赢，正是当下各国所需所求、所思所想、所期所盼。而所有这些机遇挑战、需求期盼的把握解决和顺利实现，都有赖于对所有问题和应对策略的客观分析、准确把握、科学设计与稳步实施，而其中关于支撑“丝绸之路经济带”建设目标实现所依托的自然环境本底和制约方面的研究更是重中之重，“皮之不存，毛将焉附”“巧妇难为无米之炊”，只有在研究清楚区域自然环境的支撑能力、分布特征及演变规律等基础上，再进行因地制宜地格局规划、方略设计、项目实施和合作发展，才能从根本上保证“丝绸之路经济带”绿色可持续发展目标的实现。

---

① https://data.worldbank.org.cn/indicator/SP.URB.TOTL.IN.ZS？type=points&view=map&year=201。

第3章　国内外研究进展

3.1　进展概述

“一带一路”倡议自提出之后，众多学者围绕倡议解读、战略规划、空间布局、挑战分析、地缘政治、合作建议、推进路径等方方面面开展研究，可以说相关研究呈现出井喷式爆发的局面。仅以国内期刊论文发表为例，中国知识基础设施工程（China National Knowledge Infrastructure，CNKI）的检索结果显示，2014～2018年，以“一带一路”为关键词共检索到论文近30 000篇，以“丝绸之路”为关键词共检索到论文近16 000篇，即使以“丝绸之路经济带”为关键词也检索到论文7000多篇，几乎与1979～2013年以“丝绸之路”为关键词检索到的8000多篇相当，2014～2018年年均发表论文数约为1979～2013年年均发表论文数的8倍。

即使如此，通过对这些成果的仔细整理和分析，不难发现，目前关于“丝绸之路经济带”的研究整体呈现出“四多四少”的特点：①国内成果较国际成果多。国外研究多集中于倡议解读、国际比较、前景展望、问题测度乃至发展质疑等方面的一般性探讨（Rahimov and Mamadjonov，2015；Howard and Howard，2016；Wang and Wang，2017；Zhang et al.，2017；Solmecke，2017），而国内成果则无论涉及面、深入度还是成果数都要丰富很多，且很多国际期刊上发表的成果是国内学者单独或国内学者与国外学者合作贡献的结果（Yang et al.，2016；Chen et al.，2016；Wang and Wang，2017；Yin et al.，2017；Hu et al.，2017）。②人文社科领域较自然科学领域多。众多成果围绕“丝绸之路经济带”的地缘政治、经济发展、社会结构、文化差异等历史传承、现状结构、互补潜能、战略布局、发展对策等开展了广泛而深入的讨论和研究，其中涉及自然科学领域的内容更多只是作为支撑上述研究的一些要素素材和数据，真正属于自然科学领域或基于自然科学和社会科学交叉的针对性的成果则相对较少。③战略性、一般性研究较基础性、系统性研究多。针对“丝绸之路经济带”的基础性研究进展相对缓慢，已有成果主要集中在对一些自然要素的现状格局、空间认知、成本负荷、效率评估、风险评价等方面，而对这些自然要素及系统的历史现状、演变规律、相互作用、发展趋势及应对策略等基础性支撑方面的关注和深入程度则远远不够，远远不能满足对战略性决策的支撑需求。④局部性研究较整体性研究多。已有基础研究多集中在中国国内不同区域或中国与部分区域的国家之间展开，涉及的领域范围也不是很广泛，针对“丝绸之路经济带”的整体性研究则更为缺乏。随着“丝绸之路经济带”国际认可度、参与度的快速提升，其推进力度和建设速度必将大幅度提升，而基于资源环境生态的整体性、系统性、动态性等科学认知的绿色可持续发展的战略布局和顶层设计等需求将更加迫切。如何针对上述短板和紧迫问题，创新研究思路和方法，制定合理的研究方案和可行的技术路线，定量分析并科学认知“丝绸之路经济带”整体区域和不同区域资源环境生态的历史现状、时空动态、演化规律、发展趋势、互补潜能等问题，无疑是重大的国家需求和前沿热点问题。

3.2 进展详述

下面就与本研究紧密相关的几个方面的国内外研究进展情况做一个具体而简单的梳理和介绍。

3.2.1 关于空间格局与认知

代表性的成果有：①针对生态环境格局，李泽红等（2014）通过对“丝绸之路经济带”内生物群落、湖泊、岩石、冰川、土壤、地形等斑块及气候、污染等要素的统计分析，将“丝绸之路经济带”分为 357 个生态区和 30 个土壤组类型，域内地貌主要由平原、高原和部分高山组成；大部分地区年均降水量在500mm以下，一半地区在200mm以下，降水量总体偏少，水资源短缺，且土壤、植被等重要生态要素存在明显的地带性、梯度性的变化规律；生态背景总体较为脆弱，且存在跨界的大气和水环境污染。李新武等（2016）则利用卫星遥感数据，对中国新疆、中亚地区及周边区域的植被、水资源等进行了研究，发现近几十年中亚地区呈现出水储量减少、湖泊面积萎缩、地表土壤水分减少和植被退化等典型生态环境总体退化的趋势，成为全球干旱区生态环境问题最为突出的地区之一。②针对气候变化格局，徐新良等（2016）利用美国国家气候资料中心（National Climatic Data Center，NCDC）的全球气象站点数据，系统研究了“丝绸之路经济带”45个主要国家1980～2014年的气温和降水变化趋势以及空间分布特征，结果显示，1980～2014年各国在气温方面，从20世纪末开始普遍进入偏暖阶段（增速为0.4℃/10a），其中30.1%的区域升温明显，仅有0.03%的区域降温显著；而在降水方面，普遍以减少为主（增加的区域只有4.74%），但显著减少的区域却不是很大，只零星分布在中国西部和沙特阿拉伯等共约0.19%的区域；总体来看，除南亚、东南亚等少数地区外，“丝绸之路经济带”沿线国家普遍呈现暖干旱化趋势。③针对资源利用格局，董锁成等（2014）、于会录等（2014）分别对“丝绸之路经济带”的资源格局和合作开发模式进行研究，归纳分析了全球及中国、俄罗斯、蒙古国、中亚的油气、煤炭、有色金属与旅游等资源的分布、存量、开发和消费格局，发现域内资源生产和消费区位不匹配，资源生产和资源消费国之间具有广阔合作空间，并提出了相关合作建议。④针对农业发展模式，吴炳方等（2016）利用遥感监测，对中亚五国和我国新疆地区的农业发展现状、耕地利用模式等进行研究，结合水资源禀赋特征，认为耕地扩张过快、农业结构失衡是区域农业发展存在的主要问题，也是区域生态环境恶化的主要根源，并提出了相关对策建议。⑤针对城镇交通格局，贾百俊等（2012）对“丝绸之路经济带”沿线的城镇空间分布地域特征提出了散点型、串珠型和网络型的形态分布划分类型，并提出了空间发展的差异性、中心城镇的游移性和城址变迁的宜居性等城镇的空间演变特征；曹小曙等（2015）则基于GIS技术，研究发现中国、中亚等地的陆路交通可达性具有明显“走廊”聚集分布特征，提出了“点–轴”带动的重点培育和发展的倡议推进思路；等等。

3.2.2 关于成本效率与评估

代表性的成果有：①针对资源环境成本，李鹏和张晓敏（2017）计算了2005～2012年“丝绸之路经济带”相关国家的资源环境成本、生态负荷强度，并对部分国家生态负荷强度的演变趋势和空间分布进行了分析，结果发现，域内国家或地区的资源环境成本呈大幅度提升，由2005年的675.02亿元上升至2012年的1 178.51亿元，而生态负荷强度则由2005年的0.3369下降到2012年的0.2307，且生态负荷强度呈现出以中亚及中国西北地区为高–高集聚区；以欧洲经济圈为低–低集聚区的显著西、东聚集并随时间逐步减弱的空间分布特征，区域生态效益或经济效益持续向周边溢出。②针对水资源利用效率，谭雪等（2016）运用随机前沿分析法（stochastic frontier approach，SFA）对国内12个省（自治区、直辖市）2000～2013年的水资源禀赋效率、水资源利用效率、废水排放效率和综合水效率进行了测算，发现这些省（自治区、直辖市）的不同水效率随着时间的推移均有不同程度的增长，且存在地区差异。③针对能源利用效率，岳立和杨帆（2016）运用基于CCR-BCC和Malmquist指数法的DEA-Tobit模型对中国及中亚五国2000～2012年的能源利用效率进行了评价，发现各国能源效率都呈现上升趋势，其中中国、哈萨克斯坦、土库曼斯坦等国家属于持续上升状态，其技术进步、产业结构和社会经济发展水平对能源效率具有正向作用或显著正相关关系，而技术效率、政府影响和能源结构则对能源效率具有负向作用或显著负相关关系。④针对资源环境效率，程广斌和龙文（2017）则运用超效率DEA-面板Tobit模型对“丝绸之路经济带”沿线71个地级及以上城市2009～2014年的资源环境效率影响因素和城市可持续发展能力进行了分析，结果发现，区域沿线城市的可持续发展能力不断提高，但大多数城市仍然偏低，且各城市之间差距较大；对资源环境效率有显著正向影响的因素包括政府财力、产业结构升级、科技进步、教育投入，而具有显著负向影响的因素则包括经济外向度和人口密度；等等。

3.2.3 关于生态安全与评价

代表性的成果有：①针对区域生态安全，张强和杜志成（2016）针对生态脆弱区生态环境特点，通过构建生态安全评价指标体系和区域生态安全评价模型，结合 GIS 等技术和方法，发现祁连山冰川与水源涵养生态功能区的生态安全等级大部分处于Ⅲ级以上，整体安全形势较好，但民乐、古浪、天祝、民勤等局部区域的生态环境呈现出明显恶化趋势，尤其以民乐、古浪为甚，安全有向不安全状态转变的趋势。吴梦初和延军平（2015）构建了丝绸之路东段生态支持能力与社会经济发展的动态耦合模型，结果显示，2000～2012 年该区域生态支持能力与经济耦合发展的总体水平较低，两者耦合度虽趋于不断提高，但仍处于低水平协调发展阶段，且生态支持能力在减小（速率为 $0.02a^{-1}$），社会经济发展水平在提高（速率为 $0.04a^{-1}$）。②针对水资源安全，郭利丹等（2015）通过对我国西北、中亚和西亚地区的水资源分布、水资源补充、水资源利用、生态环境条件及跨界河流水资源合作、争端与管理的纵横向比对分析，提出了加强和完善与中亚国家水资源协同开发、保护合作的相关建议。③针对土壤安全，赵其国等（2016）通过对我国和“一带一路”沿线 50 多个国家的土壤资源类别、特点及存在问题等的梳理和分析，提出了分区域、分类别的重点开发和治理方向，并进行了土壤资源安全与合理利用的顶层战略设计。④针对荒漠化防治，Wang 和 Wang（2017）运用 2000 年、2005 年、2010 年、2015 年的 MODIS 数据和 GIS 分析了我国北方干旱区的荒漠化趋势与转移方向，认为该区总体和局部的沙漠化恶化趋势得以改善，荒漠化程度大体呈逆向变化，且北方面积大于其他地区，毛乌素沙地相对恢复较好；恶化地区主要位于浑善达克沙地西部地区、塔克拉玛干沙漠构造带和柴达木盆地；荒漠化转移主要发生在邻近地区，且主要分布在 0°～3°的斜坡上，并随坡度的上升快速下降。⑤针对环境风险，李新等（2015）梳理了“丝绸之路经济带”沿线国家的经济社会发展及环境现状，重点围绕我国西部环境保护面临的新形势、新问题，提出了加大高功能水体及生态脆弱敏感区的保护力度、严格生态红线、强化环评规划、生态补偿及环境治理体系建设等对策建议；徐鹤等（2016）以“一带一路”沿线的19个国家为研究对象，从生态环境因素和资源限制因素出发，选取了12项环境风险影响因素指标，利用主成分分析（principal component analysis，PCA）法得出沿线国家的综合环境风险指数及其分布情况，并提出了中国企业赴沿线国家投资合作的相关对策与建议；等等。

3.2.4 关于生态足迹与承载

代表性的成果有：①针对区域生态承载力，向秀容等（2016）针对天山北坡经济带，基于生态足迹（ecological footprint，EF）构建了生态承载力的评价与预测模型，结果表明，该区域2010年生态足迹组分以草地和能源用地为主（约占足迹总量的93%），人均生态承载力总体高于人均生态足迹，到2015年生态承载状况仍然总体盈余，但人均生态承载力已经低于2010年水平，并分析了维持生态盈余的原因可能是城镇化对未利用地的开发，形成了用地总量供给的增加，同时提出了需要加强对资源环境承载能力监测预警的对策建议。②针对碳足迹，Zhang等（2017）认为“一带一路”倡议实施必然会促进基础设施建设的加强、出口供应链的扩大和能源密集型产业的增长，从而导致能源消耗加速和全球碳排放增加，并提出应该重点考虑发展先进的绿色能源技术和低碳激励措施的建议；而Wang和Wang（2017）则从近些年中国能源消耗和碳排放下降、可再生能源发展、碳排放政策制定、碳排放量规范及碳排放交易体系建立等方面的进展和实际情况分析，认为中国的“一带一路”倡议，有助于中国成为全球气候变化责任的引领者。③针对区域发展能力，Yin等（2017）运用生态足迹法分析了2005～2014年中国西北五省（自治区）的生态足迹和生态承载力，认为由于耕地和化石能源的差异，西北五省（自治区）区域生态足迹差异很大，其中陕西的平均生态足迹相对较高，青海的平均生态足迹相对较低；且由于化石能源生态足迹的增长，西北地区的生态足迹由2005年的5777.019万国家公顷增加到了2014年的9650.166万国家公顷；而每万元 GDP 生态足迹、生态足迹多样性指数和发展能力指数变化显示，该地区整体综合发展能力有所提高，但区域可持续发展能力仍需进一步提升，特别是陕西、宁夏、新疆等省（自治区）的生态经济系统稳定性有待提高；等等。

3.2.5 关于其他进展与前沿

代表性的成果有：①针对可持续发展，Solmecke（2017）结合巴黎气候大会确定的全球温控指标，探讨了因“一带一路”倡议的推进实施，潜在或必将进行的大规模基础设施建设可能带来环境影响的风险，认为促进经济增长是“一带一路”倡议的首要动机，即使其中涉及环境目标，也是从属于稳定和促进经济增长的第二目标；投资“绿色经济”可能作为替代“传统经济”模式的策略并获得成功，现行的国家规定或自我监管所引发的生态改善也会提高环境绩效，但在目前刺激计划及框架下却很难带来结构性的转变，尤其在建材、水泥、运输等领域很难带来根本性的变革；多边融资机制普遍具有刺激行为变化的巨大潜力，但这些潜力通常可能使以创新驱动为目标的环境框架很难实现，同时还为企业留下了很大的不可持续发展的隐患；现有管理手段和激励机制，可以支持微小的“绿色”变革，但要使发展模式发生根本性转变，尚需认真研究主要经济行为者或参与者如何以及在多大程度上能够被激励，以通过强制性和自愿性治理手段引导他们考虑乃至采取更可持续的行为和标准。②针对自然人类耦合系统，Yang 等（2016）基于“一带一路”倡议推进实施所面临的域内各国复杂的自然特征、不匹配的资源、共同的生态问题以及差异化的社会经济条件等重大挑战，运用社会经济和环境远距离相互作用的耦合框架，分析并提出了通过加强“一带一路”域内各国基础设施联通、跨界行动、科学文化交流和体制创新，以及与域外更多国际组织和国家合作，共同建设并最终实现繁荣和可持续发展目标的建议。③针对地学合作领域及研讨，李泽红等（2014）提出应尽快建立“丝绸之路经济带”生态环境合作机制和若干需要率先行动合作的着眼点，包括共同应对全球变化和极端气候灾害事件、协同推进生态修复工程、共同加强沙漠化和荒漠化治理技术的联合创新、共同加强水资源科学配置高效利用和农业节水灌溉技术合作、共同应对长距离污染物的传输问题等建议；王瑞江等（2016）根据“一带一路”沿线国家的地质条件、资源禀赋特征以及前期合作基础，提出了创新合作机制、人才培养机制以及地学合作填图、合作资源能源调查和潜力评价、共建资源信息系统等旨在推动“一带一路”地球科学创新发展、资源能源开发利用合作共赢的合作构想。同时，多个国际国内会议先后召开并开展了广泛而深入的研讨，如 2014 年 6 月 15 ~ 16 日在中国北京召开的“丝绸之路经济带”生态环境与可持续发展国际研讨会，来自 13 个国家的上百位学者紧密围绕丝绸之路的历史变迁、“丝绸之路经济带”建设的资源环境承载力、气候变化对“丝绸之路经济带”的影响及其响应、“丝绸之路经济带”可持续发展模式创新以及“丝绸之路经济带”资源环境科学数据共享的国际合作模式等科学问题和合作前景展开了充分讨论；等等。

3.3 存在问题

基于以上分析，“丝绸之路经济带”广袤的地理覆盖范围且一直处于动态变化的成员国家，禀赋异质化且开发利用条件迥异的资源储备，千差万别且脆弱敏感的自然生态景观，多元复杂且不乏激烈矛盾的政治人文环境，经济发展极不均衡且总体粗放的发展模式，生态环境问题严峻且具有显著的整体性和跨国迁移性特征以及参差不齐且整体相对薄弱的科学研究能力水平、条件平台、合作交流和前期积累等，成为限制“丝绸之路经济带”绿色可持续发展研究的主要因素。

另外，根据目前研究进展情况，相关研究尚未能将“丝绸之路经济带”作为一个有机的整体，关于域内资源环境生态本身的历史、现状及演变趋势预测及其对域内社会经济持续发展的制约情况、支撑能力、相互影响和相互作用关系研究，以及在时空维度上的变化、在全球维度下的定位及其变化趋势等，研究的广度和深度均不足以支撑形成全面客观、科学合理的相关建议和对策。

通过以上分析，我们不难发现只有将自然科学的手段和方法与人文社会科学的关注及需求相结合，站在全球视野，将"丝绸之路经济带"域内资源环境生态作为一个有机的整体，合理选取评价指标，分别从国家、区域及全球的角度，按时空序列进行全方位和纵横向的比对分析、趋势预测及对策研究，通过自然与人类活动相互影响和作用关系、变化规律及其趋势预测等定量研究与分析比较，才可能从根本上形成相对全面客观、科学合理的"丝绸之路经济带"可持续发展和共建文明的决策参考。

"丝绸之路经济带"可持续发展分析脉络结构如图 3-1 所示。

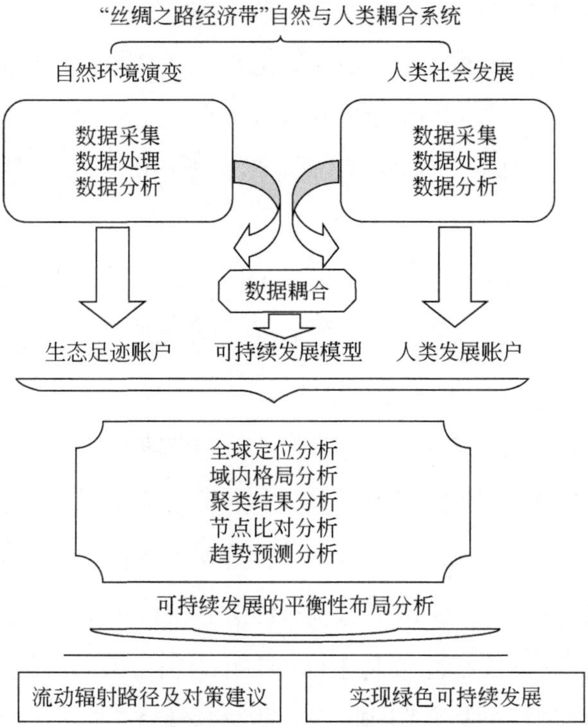

图 3-1 "丝绸之路经济带"可持续发展分析脉络结构

第 4 章　研究方法概述

4.1　可持续发展能力评估模型的构建

“可持续发展”的概念最早出现于世界自然保护联盟（International Union for Conservation of Nature，IUCN）1980 年发布的《世界自然资源保护大纲》（*World Conservation Strategy*），正式提出于 1987 年联合国世界环境与发展委员会（World Commission on Environment and Development，WCED）的《我们共同的未来》（*Our Common Future*），正式认可于 1992 年的联合国环境与发展大会，其是在人类对物质生活与经济发展的极大追求、社会经济活动不断增强，从而造成生态环境破坏与生态资源锐减背景下，人类急需建立一种既在生态环境的可承受能力范围之内，又能满足人类长期发展与资源可持续利用的战略模式选择（高标等，2013）。特别是随着全球人口的快速增长和全球气候变化的广泛影响，可持续发展一方面成为全球或国家的战略目标选择，另一方面成为诊断区域发展及其是否健康运行的标准（龚琪等，2012）。之后，可持续发展的概念、内涵、理论以及定量化评测方法等研究，在不同领域都得到了快速发展。

研究自然与人类耦合关系的核心目的是服务于“丝绸之路经济带”可持续发展。因此，我们从“可持续发展”理念中所包含的发展和可持续性两个基本面出发，选取人类社会可持续发展的环境影响领域，认可度较高和适用范围较广的几个方法进行综合与集成，构建自然和人类耦合评价指标体系的四位一体可持续发展能力评估模型（图 4-1），具体采用生态足迹模型、生态经济系统发展能力计算模型、人类发展指数模型和生态效率计算模型，分别表征生态-环境系统、生态-经济系统、生态-社会系统和生态-文明系统，进而衡量域内整体、域内各国的生态环境状况及其对域内人类社会发展的支撑能力和全球定位。

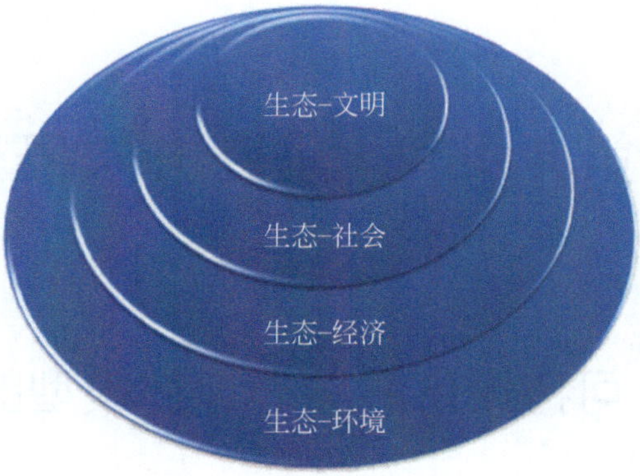

图 4-1 “丝绸之路经济带”四位一体可持续发展能力评估模型

4.2 主要方法介绍

4.2.1 生态足迹模型

人类维持生存与发展需求的方方面面离不开从自然生态系统中获取“源源不断”的物质供给与生态服务的支撑，相反人类在享受生态系统所带来的福祉以满足人类自身需求的同时，其资源索取甚至浪费、废物排放乃至过量等行为又反作用于地球生态系统并对其造成不同程度的影响（Wackernagel and Rees, 1998）。而其中由威廉·里斯（Willian E. Rees）1992 年提出，后经马西斯·瓦克纳格尔（Mathis Wackernagel）进一步完善的生态足迹账户和生态足迹模型，无疑是近 20 年来重要的测度人类社会可持续发展的环境影响评价方法与重要进展。

生态足迹模型通过利用多个具体可测度的生态指标来建立用于比较人类需求与自然供给之间的综合性账户，测度人类社会经济活动对自然生态资源的需求利用程度和自然生态资源所能提供的生态服务之间的差距，即是否超出了生态可承载能力范围，通过具体明确的量化数据来表征人类社会与自然生态系统相互影响和相互作用的程度，进而衡量人类社会与自然生态系统之间的可持续发展程度及其是否处于可持续发展的状态（Wackernagel and Rees，1997；Wackernagel et al.，1999，2004；王书华等，2002；Monfreda et al.，2004；吴隆杰，2005；徐中民等，2006；李玉霞等，2011）。由此可见，生态足迹模型是一个全新的研究视角，将人类社会活动及其发展与生态资源环境两者关系同时囊括其中，而不是从脱离生态环境的人类社会或者忽略人类社会的生态环境单一因素入手，其研究尺度也从全球尺度、国家尺度快速发展到省级、城市、县镇等不同等级的区域范围以及企业单位甚至个人等微观尺度，成为判断全球、国家、地区以及个人对自然资本的利用状况和可持续发展程度的有力工具（吴隆杰，2005；谢新源等，2008），相关进展非常迅速且成果丰硕。下面仅从国家、地区及全球尺度对生态足迹模型的多个生态指标进行具体而简要的介绍。

4.2.1.1 生态足迹指标的计算方法

生态足迹的基本含义，是在一定地理范围之内给定人口所消费的所有资源以及吸收这些人口所产出的所有废物需要的生物生产性土地总面积，包括陆地和水域（杨振等，2005）。

生态足迹基本思想基于 6 个前提假设条件：①囊括范围为可获得性自然资源的消费量和人类消耗所产生的废物量；②大部分的自然资源的消费量和人类消耗所产生的废物量可分别折算为生产和吸收的生物生产性土地面积；③根据生产力的大小可将生物生产性土地面积分为六大类，即农业资源用地、草业资源用地、林业资源用地、渔业资源用地、化石能源用地、建筑工程用地，通过将单位面积的某种生物量的年产量作为其相应某种土地类型的生产能力从而赋予不同类型土地面积一定的比例权重，将其转换成一个具有世界平均生产能力的标准化面积单位（全球公顷）；④生物生产性土地的生产能力有差异且空间上相互排斥，因此可通过将自然资源的消费量和人类消耗所产生的废物量折算的各类生物生产性土地面积求和，得到人类对自然资源的总需求；⑤可将人类对自然资源的总需求和自然资源所能提供的生态服务总供给进行直接对比；⑥人类对自然资源的总需求可超过自然资源所能提供的生态服务总供给（徐中民等，2006；张爱菊等，2013）。

由此可见，生态足迹是通过将人类对自然资源的消耗统一度量，折算成在一定的人口规模与经济发展条件下不同土地类型的生物生产性土地面积，告知人类对自然资源利用程度以及地球生态系统为人类提供生命支持服务功能的相互影响，从而进一步判断人类对自然资源的过度利用情况（龚杰昌等，2012）。

生态足迹的计算公式为

$$\mathrm{EF} = N \times \mathrm{ef} = N\sum_{i=1}^{n} r_j(aa_i) = N\sum_{i=1}^{n} r_j(c_i/p_i) \quad (i = 1,2,3,\cdots,n; j = 1,2,\cdots,6)$$

式中，EF 为某一研究尺度范围内任何给定的已知人口所消耗总的生态足迹；ef 为研究尺度范围内的人均生态足迹；N 为研究尺度范围内的总人口数；i 为1 ~ n；a_i 为当地生产消费的第 i 种物质资源占用的人均生物生产性土地面积；aa_i 为人均 i 种商品换算的土地面积；c_i 为研究尺度范围内第 i 种物质资源的人均消费量；p_i 为第 i 种物质资源的世界平均生产能力；j 为生物生产性土地面积类型，j为1 ~6；r_j 为均衡因子。均衡因子是通过表征某种类型的生物生产性土地面积与全球六大类生物生产性土地面积之间的平均潜在生产力比值来消除单位面积的农业资源用地、草业资源用地、林业资源用地、渔业资源用地、化石能源用地及建筑工程用地的生物生产性能力差异过大现象的一种方法，从而将特定的生物生产性土地面积转变成具有比较性的世界平均生物生产性土地面积。

除此之外，由于生态足迹是人类对自然资源利用程度的生态指标，即某一国家或地区一定时间范围之内人类对自然资源的最终消费值，因此某一国家或地区的生态足迹中物质资源的人均消费量还可根据“单位时间内某一物质种类的最终消费量=生产量+进口量-出口量”进行计算。

4.2.1.2 生态承载力指标的计算方法

生态承载力被生态学家界定为在没有持续破坏栖息地所依赖的生态系统，能够支撑一定物种的数量。对人类来说，生态承载力被解释为在一定区域，能够维持相关生态系统的功能完整性和生产力的资源消耗与废弃物处理最大化的能力（Rees，1992）。

由于不同国家或地区地处不同的纬度带，在温度、湿度、海拔梯度、资源禀赋等自然因素以及土地管理和技术水平等社会因素多方面影响下，相同类型的生物生产性土地面积具有不同的生物生产能力，因此我们可以利用某一国家或地区的某一土地类型与全球尺度上相应的土地类型的平均产量的比值或者生产相同产量的物质资源所需要的某一国家或地区与世界的生物生产性土地面积的比值，来消除不同国家或地区特定类型生物生产性土地的实际面积所代表的区域产量与世界平均产量的差异。这就是由 Wackernagel 所完善的“产量因子”（yield factor）的含义，其目的在于使不同地理区域的农业资源用地、草业资源用地、林业资源用地、渔业资源用地、化石能源用地及建筑工程用地与世界范围内的同类用地的生物生产性土地面积直接进行对比。

生态承载力的计算公式为

$$\mathrm{BC} = N \times \mathrm{ec} = N \times \sum_{j=1}^{6} a_j \times r_j \times y_j \quad (j = 1, 2, 3, \cdots, 6)$$

式中，BC 为某一研究尺度范围内供养最大人口所占用的总的生态承载力；ec 为研究尺度范围内的人均生态承载力；N 为研究尺度范围内的总人口数；a_j 为研究尺度范围内实际占用的第 j 种人均生物生产性土地面积；j 为生物生产性土地面积类型，j 为 1 ~ 6；r_j 为均衡因子；y_j 为产量因子。除此之外，在生态承载力的计算中，根据联合国世界环境与发展委员会在《我们共同的未来》中的建议，还应扣除 12% 生物多样性保护面积。

在生态足迹账户中，依据六大不同的生物生产性土地类型，可将全部物质资源种类的供给和消费情况划分为相对应的两部分，以生态系统内不同物质资源类型的消费为例，可将其转化为农业资源用地、草业资源用地、林业资源用地及渔业资源用地等土地面积的生物资源生活型消费和化石能源用地、建筑工程用地的化石能源工业型消费。其中生物资源生活型消费内容主要包括粮食、豆制品、植物油、动物油、猪肉、禽类、蛋类、鲜菜、食糖、酒类等农业产品，牛羊肉、奶及奶制品等畜类产品，鲜瓜果、茶叶、木材等林业产品以及鱼虾蟹、贝壳类等水产品在内的农林牧渔四大类别（龚杰昌等，2012）；化石能源工业型消费内容主要包括以产生二氧化碳污染气体为主的汽油、柴油、煤油、原油、焦炭、煤炭、燃料油、液化石油气等在内的传统型化石能源，以及以电力、太阳能、风能、水能、生物质能、核能为主要代表的清洁环保可再生型新能源（齐明珠和李月，2013）。人均生态足迹测度核算中的土地类型及所选取的消费项目说明见表4-1。

表4-1　人均生态足迹测度核算中的土地类型及所选取的消费项目说明

<table>
<tr><th>土地类型</th><th>主要用途</th><th>消费项目</th><th>备注说明</th></tr>
<tr><td>农业资源用地</td><td>种植农作物</td><td>粮食、豆制品、植物油、动物油、猪肉、禽类、蛋类、鲜菜、食糖、酒类等农业产品</td><td rowspan="6">猪禽等牲畜主要以粮食作物为食，牛羊等牲畜主要以草料为食；
不同物质资源项目分类以生物生产性土地来源为主且相互之间存在交叉；
认定全球生态平均生产力为1；
依据联合国世界环境与发展委员会发布的《我们共同的未来》，地球生态供给系统中12%的生物多样性保护面积应用于生物多样性保护（张旺锋等，2010）；
在实际生活中，人们并没有留出吸收CO_2的化石能源工业用地</td></tr>
<tr><td>草业资源用地</td><td>提供畜产品</td><td>牛羊肉、奶及奶制品等畜类产品</td></tr>
<tr><td>林业资源用地</td><td>提供林产品与木材</td><td>鲜瓜果、茶叶、木材等林业产品</td></tr>
<tr><td>渔业资源用地</td><td>提供水产品</td><td>鱼虾蟹、贝壳类等水产品</td></tr>
<tr><td>化石能源用地</td><td>吸收人类释放的CO_2</td><td>汽油、柴油、煤油、原油、焦炭、煤炭、燃料油、液化石油气等在内的传统型化石能源，以及电力、太阳能、风能、水能、生物质能、核能等清洁环保可再生型新能源</td></tr>
<tr><td>建筑工程用地</td><td>人类定居与道路用地</td><td>电力、太阳能、风能、水能、生物质能等</td></tr>
</table>

4.2.1.3　生态盈余或赤字指标的计算方法

生态盈余或赤字的基本含义是指在某一国家地区尺度或者全球尺度范围内地球生态系统所提供的用于人类生命支撑服务以及社会经济发展的有限自然资源总供给与人类对其无限总需求之间的差距程度，用于衡量当地是否处于可持续发展水平。

生态盈余或赤字的计算公式为

$$ED = BC - EF \quad (ED>0，生态盈余；ED<0，生态赤字)$$

式中，ED为某一研究尺度范围内生态系统的人均生态盈亏；BC为某一研究尺度范围内供养最大人口所占用的总的生态承载力；EF为某一研究尺度范围内任何给定的已知人口所消耗总的生态足迹。具体含义为：当地球生态系统的生态承载力小于生态足迹（BC<EF）时，说明人类为满足自身生命活动与社会发展对自然资源的消耗超出其阈值范围而使当地的生态环境系统处于供不应求的生态赤字状态和危险的不可持续发展状态，需要寻找其他可替代的充沛资源或者从其他地区运输以补充稀少资源来满足人类社会的需求；与之相反，当地球生态系统的生态承载力大于生态足迹（BC>EF）时，说明生态系统内的自然资源满足人类自身生命活动与社会发展而使当地人类社会的消耗模式处于供过于求的生态盈余状态和安全的可持续发展状态（刘东等，2012）。因此我们可以利用具体明确的生态盈亏数值表征某一地理区域的可持续发展程度。

4.2.2 生态经济系统发展能力计算模型

对生态经济结构复合体可持续发展能力的分析，参考美国生态学家 Robert E. Ulanowicz 的发展能力计算模型，首先将农业资源用地、草业资源用地、林业资源用地、渔业资源用地、化石能源用地以及建筑工程用地六大生物生产性土地类型假设为一个多部门的系统模型，在该系统模型中每个部门都只有单一类型的土地需求且各部门资源产出间没有关联性（徐中民等，2003），基于以上假设，引入可表征不同土地类型利用数量丰裕度以及生态足迹分配状况公平度的生态足迹多样性指数这一概念，生态足迹多样性指数的计算，采用 Shannon-Wiener 的生态系统多样性计算模型，在这里以不同类型的生物生产性土地面积作为测算生态经济系统多样性的指标，其计算公式为

$$H = -\sum_{i=1}^{6} p_i \times \ln p_i$$

式中，H 为生态足迹多样性指数；p_i 为第 i 种生物生产性土地类型的生态足迹占总生态足迹的比重。该函数不是一个单调函数，其意味着生态经济系统中生态足迹的分配状况越接近平等，生态经济系统组分的多样性就越高，系统就越稳定（Xu et al.，2002）。

此时生态足迹多样性指数类似于 Ulanowicz 的发展能力计算模型中的组织

概念，但需要指出的是此计算模型忽略了各系统组分之间的相互影响（Xu et al.，2000）。以生态足迹多样性指数为切入点，采用 Ulanowicz 的发展能力公式计算出的生态经济系统发展能力能够很好地反映生态经济系统发展状况，由于数据来源的局限性，生态经济系统发展能力计算模型可简化为生态足迹与生态足迹多样性指数的乘积，其计算公式为

$$C = \mathrm{EF} \times H = \mathrm{EF} \times \left(-\sum_{i=1}^{6} p_i \times \ln p_i\right)$$

式中，C 为某一国家或地区生态经济系统的可持续发展能力（Xu et al.，2002）。某一国家或地区发展能力的大小由表征自然资源需求消耗量的生态足迹值与表征自然生态系统稳定性的生态足迹多样性指数值两者的乘积决定。由此说明，若想提高区域的可持续发展能力，可以从提高生态足迹值与生态足迹多样性指数值两方面入手：当生态足迹值增大时，意味着国家或地区自然资源需求量的增加与经济消费能力的提高，可在一定时间范围内推动区域的可持续发展能力；当生态足迹多样性指数值增大时，意味着生物生产性土地利用类型多样性的增加与自然生态系统稳定性的提高，也可在一定时间范围内推动区域的可持续发展能力（王国刚等，2009）。显而易见，在有限的全球生态承载力范围内，一个国家或地区的自然资源消耗量应该控制在合理范围内，且尽可能地从增加土地类型的使用多样性以提高系统稳定性方面促进区域的可持续发展，从而有力地证明以生态足迹多样性指数作为理论支撑的发展能力计算模型能够有效地为生态经济系统的可持续发展提供正确与合理的方向。

4.2.3 人类发展指数模型

本书对“丝绸之路经济带”可持续发展的分析除了以生态资源环境的可持续利用为主要切入点外，还将经济指标与社会指标相结合，从经济增长与社会发展两者的平衡性中反映出的人类社会发展水平这一因素可用于寻找一个国家或地区的优先发展选项以及社会发展中的薄弱环节，从而利用其优势挖掘经济社会发展的潜力，利用其薄弱环节调整经济社会发展的重心，达到指导人类

社会未来可持续均衡发展的目标。因此我们选取联合国开发计划署（The United Nations Development Programme，UNDP）在1990年《人类发展报告》（*Human Development Reports*）中提出的人类发展指数（human development index，HDI）作为衡量各成员国经济社会发展水平的指标。这些指标基于：①能测量人类发展的基本内涵；②只包括有限的变量以便于计算并易于管理；③是一个综合指数而不是过多的独立指标；④既包括经济选择又包括社会选择；⑤保持指数范围和理论的灵活性；⑥有充分可信的数据来源。

人类发展指数通过调整地域分布、收入分配、性别以及少数民族之间的差异为社会的人文发展水平评估以及国家福祉的全面评价提供了新的评价方法。它由预期寿命、教育和收入三个指数构成，分别反映人的长寿水平、教育水准和生活质量。其计算公式为

$$人类发展指数\ HDI = 1/3\ (预期寿命指数\ LEI) + 1/3\ (教育指数\ EI) + 1/3\ (收入指数\ II)$$

随着对人类发展指数的深入研究，公式中指数的具体计算方法有所改变，2009年之前，每个指数计算公式为指数值=(实际值-最小值)/(最大值-最小值)。三个指数的具体含义是：①以出生时预期寿命(LE)来衡量预期寿命指数，$LEI=(LE-25)/(85-25)$；②以2/3权重的成人识字率（ALR）及1/3权重的小学、中学、大学综合粗入学率(CGER)来衡量教育指数，$EI=(2/3)\ ALI+(1/3)\ GEI$，其中成人识字率指数 $ALI=(ALR-0)/(100-0)$；综合粗入学率指数 $GEI=(CGER-0)/(100-0)$；③以实际人均GDP(GDPpc)（购买力平价美元）来衡量收入指数，$II=(\log GDPpc-\log 100)/(\log 40\ 000-\log 100)$（Anand and Sen，2000）。

2010年之后，人类发展指数新的计算方式：①预期寿命指数 $LEI=(LE-20)/(83.2-20)$。②教育指数 $EI=\sqrt{(MYSI \times EYSI-0)\ (0.951-0)}$，其中，平均学校教育年数指数 $MYSI=(MYS-0)/(13.2-0)$；预期学校教育年数指数 $EYSI=(EYS-0)/(20.6-0)$（MYS为平均学校教育年数，即一个≥25岁的人在学校接受教育的年数；EYS为预期学校教育年数，即一个5岁的儿童一生将要接受教育的年数）。③收入指数 $II=(\ln GNIpc-\ln 163)/(\ln 108\ 211-\ln 163)$（GNIpc为人均

国民收入）。

在计算人类发展指数每个指标的最大值和最小值指标要求设定如下：2009年之前出生时预期寿命为25岁和85岁；成人识字率为0和100，指15岁以上识字者占15岁以上人口比率；综合粗入学率为0和100，指学生人数占6～21岁人口比率（依各国教育系统的差异而有所不同）；实际人均GDP（购买力平价美元）为100美元和40 000美元。2010年之后新的计算方法中出生时预期寿命为20岁和83.2岁；平均学校教育年数为0和13.2年，指一个≥25岁的人在学校接受教育的年数；预期学校教育年数为0和20.6年，指一个5岁的儿童一生将要接受教育的年数；人均国民收入GNPpc为163美元和108 211美元，见表4-2。

表4-2　人类发展指数模型中各指数的计算公式与阈值范围

研究时间	计算指数	计算公式	指标含义	最大值	最小值
2009年之前	预期寿命指数（LEI）	LEI=（LE-25）/(85-25)	预期寿命（LE）/岁	85	25
	教育指数（EI）=（2/3）ALI+（1/3）GEI	ALI=（ALR-0）/(100-0)	成人识字率(ALR)/%	100	0
		GEI=（CGER-0）/(100-0)	综合粗入学率(CGER)/%	100	0
	收入指数（II）	II=（logGDPpc - log100）/(log40 000-log100)	人均GDP（GDPpc)(购买力平价美元)	40 000	100
2010年之后	预期寿命指数（LEI）	LEI=（LE-20）/(83.2-20)	预期寿命（LE）/岁	83.2	20
	教育指数（EI）= $\sqrt{(MYSI\times EYS-0)/(0.951-0)}$	MYSI=（MYS-0）/(13.2-0)	平均学校教育年数(MYS)/年	13.2	0
		EYSI=（EYS-0）/(20.6-0)	预期学校教育年数(EYS)/年	20.6	0
	收入指数（II）	II=（lnGNIpc - ln163）/(ln108211-ln163)	人均国民收入(GNIpc)（购买力平价美元)	108 211	163

人类发展指数三个构成指标的指数值均为0～1，0表示人类发展的最低水平，越接近1表示人类发展水平越高。根据UNDP的界定，人类发展指数低于

0.500 的属于低人类发展水平；0.500 ~0.700 的属于中等人类发展水平；0.700 ~0.800 的属于高人类发展水平；超出 0.800 的属于极高人类发展水平（Neumayer, 2001；Bray et al., 2012）。

4.2.4 生态效率计算模型

以上将基于生态足迹模型的生态-环境系统、基于生态经济系统发展能力计算模型的生态-经济系统，以及基于人类发展指数模型的生态-社会系统相结合，分析了“丝绸之路经济带”的可持续发展状况。下面主要从生态-文明系统角度出发，综合考虑社会发展与生态环境两方面要素，利用生态效率指标分析测度社会系统发展与自然资源供需的关系，从而为“丝绸之路经济带”的可持续发展状况做出全面综合的考量评价。拟采用万元 GDP 生态足迹和万元 GDP 生态赤字（盈余）指标来表征“丝绸之路经济带”沿线国家或地区人类社会与经济系统对自然资源的利用效率及两者的整合效应，为“丝绸之路经济带”综合生态文明程度做出全面综合的考量评价。

基于生态足迹理论模型中的生态足迹、生态赤字（盈余）指标，我们从社会发展对自然资源生态需求和生态供给角度出发，对“丝绸之路经济带”生态社会系统进行研究，采用万元 GDP 生态足迹和万元 GDP 生态赤字（盈余）指标表征各国家或地区人类社会与经济系统对自然资源的利用效率及两者的整合效应。万元 GDP 生态足迹和万元 GDP 生态赤字（盈余）计算公式为

$$W_1 = \mathrm{EF}/\mathrm{GDP}$$

$$W_2 = (\mathrm{BC}-\mathrm{EF})/\mathrm{GDP}$$

式中，W_1 为万元 GDP 生态足迹；W_2 为万元 GDP 生态赤字（盈余）；GDP 为国家或地区的国内生产总值；BC 为生态承载力；EF 为生态足迹。

其中，W_1 的具体含义为某一国家或地区范围之内万元 GDP 的生态足迹值，数据结果的高低反映了当地居民为维持一定程度的社会经济发展规模而从生态环境系统中所挖掘与利用的自然资源量。当万元 GDP 的自然资源需求量高时，表明此国家或地区的资源利用效率处于较低水平；与之相反，当万元

GDP的自然资源需求量低时，则表明此国家或地区的资源利用效率处于较高水平（张爱菊等，2013）。W_2 代表某一国家或地区范围之内万元GDP的生态盈亏量，数据结果的正负表征了当地居民为改善与社会经济发展相匹配的运作模式而造成的生态环境系统中自然资源需求量与供给量之间的社会供需矛盾程度。当万元GDP的生态盈亏显示为负值状态时，表明此国家或地区在当前的社会技术发展水平下处于供不应求的不可持续恶性发展过程中，对于处于不同生态盈亏程度的国家或地区来说，其对匮乏自然资源种类的开发需求则必须从其他途径加以弥补，以满足自身经济社会的发展；与之相反，当万元GDP的生态盈亏显示为正值状态时，表明此国家或地区在当前的社会技术发展水平下处于供过于求的可持续良性发展过程中，对于处于不同生态盈亏程度的国家或地区来说，其可持续或不可持续水平具有不同的发展程度。以可持续发展为例，可进一步分类为：在人均生态承载力与人均生态足迹相差悬殊的高生态盈余国家或地区，表明当地的自然资源利用效率较低，由此必然说明社会生态系统可持续发展能力较低；在人均生态承载力与人均生态足迹相差无几的低生态盈余国家或地区，表明当地的自然资源利用效率较高，由此必然说明社会生态系统具有较高的可持续发展水平（王书玉和卞新民，2007）。

4.2.5 聚类分析方法

本书对“丝绸之路经济带”可持续发展研究的选取对象包括地处亚欧非三大洲空间范围的50个国家，每个国家因其各自的地理位置、自然生态背景、政治人文环境、经济贸易基础等各种因素的不同，势必带来生态资源环境方面的生态足迹和生态承载力的地区差异与分布特征的不同，因此我们采用K-均值聚类分析法对“丝绸之路经济带”沿线50个国家的生态足迹和生态承载力加以分类，以期把握各自国家不同资源类型的容量大小与开发挖掘潜力，从而高效合理地进行域内资源流动与配置，进一步从生态视角出发向“丝绸之路经济带”沿线国家可持续发展的目标大步迈进。下面对聚类分析方法简要介绍。

自然社会科学研究中存在着许多分类问题，其中聚类分析是指将物理或抽象的待研究对象通过相似性测度分组集合成由类似对象组成的多个类的分析过程。在每一类别中的集合元素彼此相似，与其他类中的元素存在一定的差异。聚类分析方法十分丰富，有系统聚类分析法、有序样品聚类法、动态聚类法、模糊聚类法、图论聚类法、聚类预报法等。

4.2.5.1 聚类分析方法的基本思想原理

本书所采用的是 K-均值聚类分析法，该方法是一种迭代求解的聚类分析算法。具体步骤为：

（1）选取聚类个数；

（2）从数据集中选定 K 个向量作为初始聚类中心，即 C_1，C_2，…，C_K，聚类中心的向量值可以任意设定，其取值会影响聚类结果；

（3）逐个将需分类的样本 $X_i(i=1，2，\cdots，n)$ 按欧氏距离分配给某一个聚类中心 $C_j(0<j\leq K)$，$\| X_i-C_j \| = \min\limits_{1<l<K} \| X_i-C_l \|$；

（4）计算各个聚类中心的新的向量值 $C_j = \frac{1}{N_j}\sum\limits_{X \in S_j} X$，其中 N_j 是第 j 个聚类域 S_j 中所包含的样本个数；

（5）如果聚类中心不再变化，终止进程，否则返回步骤（3）。

4.2.5.2 聚类分析方法的基本方法概述

（1）数据的标准化预处理：当指标变量之间的数量级相差悬殊时，需要对指标变量进行极差或者标准差等规格化变换，以便进行数据之间的比较。

（2）多维空间构造关系矩阵：各个观测量可看作空间一点，利用距离定义点的远近程度进行分类，其距离定义方式有欧氏（Euclidean）距离、切比雪夫（Chebyshev）距离、闵可夫斯基（Minkowski）距离、余弦相似度（cosine similarity）、Pearson 相关系数及绝对值距离，利用相似系数也可描述观测变量的远近程度。

（3）选择系统聚类分析法进行相关分析：构造 n 个类，每个类包含且只包含一个样品，计算 n 个样品两两间的距离，构成距离矩阵，然后将距离最近的两个类进行合并，并以此类推。根据类间距离计算方法的不同，有多种不同的聚类方法，其中几种介绍如下。

最短距离（single linkage）法：$D_{pq}=\min d(x_i, x_j)$。

最长距离（complete linkage）法：$D_{pq}=\max d(x_i, x_j)$。

重心（centroid）法：$D_{pq}=\min d(\bar{x}_p, \bar{x}_q)$。

类平均（average）法：$D_{pq}=1/n_1n_2\sum_{x_i\in G_p}\sum_{x_j\in G_q}d(x_i, x_j)$。

Ward 最小方差（Ward's minimum variance）法：$D_1=\sum_{x_i\in G_P}(x_i-\bar{x}_p)'(x_i-\bar{x}_p)$，$D_2=\sum_{x_j\in G_q}(x_j-\bar{x}_q)'(x_j-\bar{x}_q)$，$D_{1+2}=\sum_{x_k\in G_p\cup G_q}(x_k-\bar{x})'(x_k-\bar{x})$，$D_{pq}=D_{1+2}-D_1-D_2$。

式中，类 G_p 与类 G_q 之间的距离为 D_{pq}；$d(x_i, x_j)$ 为点 $x_i\in G_p$ 与 $x_j\in G_q$ 之间的距离（表4-3）。

表 4-3　系统聚类分析过程中常见的计算方法与公式

聚类分析过程	计算方法	计算公式
数据的标准化预处理	总和标准化	$x'_{ij}=x_{ij}/\sum_{i=1}^{m}x_{ij}(i=1, 2, \cdots, m; j=1, 2, \cdots, n)$
	标准差标准化	$x'_{ij}=(x_{ij}-\bar{x}_j)/s_j\ (i=1, 2, \cdots, m; j=1, 2, \cdots, n)$
	极大值标准化	$x'_{ij}=x_{ij}/\max_i\{x_{ij}\}\ (i=1, 2, \cdots, m; j=1, 2, \cdots, n)$
	极差标准化	$x'_{ij}=x_{ij}-\min_i\{x_{ij}\}/\max_i\{x_{ij}\}-\min_i\{x_{ij}\}\ (i=1, 2, \cdots, m; j=1, 2, \cdots, n)$
构造多维空间距离关系矩阵	欧氏距离	$D=\sqrt{\sum_{i=1}^{n}(x_i-y_i)^2}$
	切比雪夫距离	$D=\lim_{x\to\infty}(\sum_{i=1}^{n}\lvert x_i-y_i\rvert^p)^{1/p}=\max\lvert x_i-y_i\rvert$
	闵可夫斯基距离	$D=(\sum_{i=1}^{n}\lvert x_i-y_i\rvert^p)^{1/p}$
	余弦相似度	$\cos(\theta)=\sum_{k=1}^{n}x_{1k}x_{2k}/\sqrt{\sum_{i=1}^{n}x_{1k}^2}\sqrt{\sum_{i=1}^{n}x_{2k}^2}$
构造多维空间距离关系矩阵	Pearson 相关系数	$r=(N\sum x_iy_i-\sum x_i\sum y_i)/\sqrt{N\sum x_i^2-(\sum x_i)^2}\sqrt{N\sum y_i^2-(\sum y_i)^2}$

续表

聚类分析过程	计算方法	计算公式
系统聚类分析法	最短距离法	$D_{pq}=\min d(x_i, x_j)$
	最长距离法	$D_{pq}=\max d(x_i, x_j)$
	重心法	$D_{pq}=\min d(\bar{x}_p, \bar{x}_q)$
	类平均法	$D_{pq}=1/n_1 n_2 \sum_{x_i \in G_p}\sum_{x_j \in G_q} d(x_i, x_j)$
	Ward 最小方差法	$D_{pq}=\sum_{x_k \in G_p \cup G_q}(x_k-\bar{x})'(x_k-\bar{x})-\sum_{x_i \in G_p}(x_i-\bar{x}_p)'(x_i-\bar{x}_p)-\sum_{x_j \in G_q}(x_j-\bar{x}_q)'(x_j-\bar{x}_q)$

（4）最佳分类类别数的确定：决定聚类个数是一个很复杂的问题，进行系统聚类分析时所使用的方法不同，常常会得到不同的结论，但是若采用几种不同的聚类方法处理，则可在各自的聚类图中发现相同的分类。聚类分析主要应用于探索性的研究，其分析的结果可以提供多个可能的解，最终的解需要研究者的主观判断和后续的分析且应符合客观实际。

4.2.6 灰色预测模型

根据数据的可获得性和相对完整性，本书对“丝绸之路经济带”可持续发展研究的时间序列选取年限为 1991 ~ 2012 年，各个生态指标受多种不确定因素影响而存在上下不规则浮动，属于既含有已知信息又含有未知或非确定信息的生态系统，综合考虑人类社会活动、生态资源环境与国家经济发展多方面因素对“丝绸之路经济带”可持续发展状况的影响研究分析后，我们采用灰色预测模型 GM（1，1）对 2013 ~ 2025 年“丝绸之路经济带”可持续发展趋势做出评估预测，以期将时间序列转化为灰色系统的微分建模方程，消除 1991 ~ 2012 年受各种影响因素带来的随机波动，揭示研究对象的发展变化规律，从而将注意力集中于生态经济的可持续发展趋势上来，做到对未来发展动态未雨绸缪，并为“丝绸之路经济带”域内各国朝向更好的发展出谋划策。

4.2.6.1 灰色预测模型的基本思想原理

灰色预测模型的基本思想原理是以灰色生成函数概念为基础，以微分拟合为核心，直接将时间序列转化为微分方程，从而建立抽象系统的灰色发展变化动态模型，即 grey dynamic model，简记为 GM。GM 模型具有弱化序列随机性、发掘系统演化规律的独特功效，利用 GM 模型可对灰色系统在一定范围内、一定时段上变化的主行为特征灰色量或某项生态指标的灰色过程产生的杂乱无章的原始灰色数列，通过以数找数的方法，使之变成比较有规律的时间序列数据，新生成的数据列为一条单调增长的曲线，增加了原始数据列的规律性而弱化了波动性，在此基础上，建立动态模型进行未来特定时刻数量大小的预测。

4.2.6.2 灰色预测模型的系统建模过程

灰色系统建模的基本思想是直接将时间序列转化为微分方程，从而建立抽象系统的发展变化动态模型。建立的 GM(h, n) 是微分方程的时间连续函数模型，括号中的 h 为方程的阶数，n 为变量的个数。GM(1, 1) 是最常用的一元一阶灰色模型，这里采用的具体方法是将一定时期之内的按照时间顺序排列的原始数据（$x^{(0)}$）进行一次累加，生成一个新的数据列（$x^{(1)}$），将之转化为微分方程，微分方程的系数向量可用最小二乘法求解。对于样本容量为 N 的原始时间序列资料，其灰色预测模型 GM(1, 1) 的时间响应函数为

$$\hat{x}^{(1)}(k+1)=(X^{(0)}(1)-b/a)\mathrm{e}^{-aK}+b/a$$

将 $X^{(0)}$（n）取为时间轴的原点，进行累加运算的逆运算得到 GM(1, 1) 模型时间响应式的累减还原值：

$$\hat{x}^{(0)}(k+1)=(1-\mathrm{e}^{a})(X^{(0)}(1)-b/a)\mathrm{e}^{-aK}$$

式中，当 $t\leqslant n$ 时，称 $\hat{x}^{(0)}(t)$ 为模型模拟值；当 $t>n$ 时，称 $\hat{x}^{(0)}(t)$ 为模型预测值。此外在原始数据序列中选取不同的时间序列数据建立的模型也不一样，GM(1, 1) 模型的适用范围为：当 $-a\leqslant 0.3$ 时，GM(1, 1) 模型可用于中长期预测；当 $0.3<-a\leqslant 0.5$ 时，GM(1, 1)模型可用于短期预测，中长期预测慎用；当 $0.5<-a\leqslant 0.8$ 时，用 GM(1, 1) 模型作短期预测要十分谨慎；当 $0.8<-a\leqslant 1$ 时，

应采用残差（$\varepsilon^{(0)}$）修正 GM(1，1）模型；当$-a>1$时，不宜采用 GM(1，1）模型，这种变化正是不同情况、不同条件对系统特征的影响在模型中的反应。

4.2.6.3 灰色预测模型的精度检验

通过灰色预测模型，我们可以根据原始时间序列资料对以后时期进行预测，也可以运用模型精度检验对以往数字进行验证，通过精度检验可得知模型的准确度、可靠性及适宜条件，精度检验是确定模型能否使用的关键。GM(1，1）模型的检验分为三个方面：残差检验、后验差检验与小误差概率检验。其检验计算公式为：

（1）残差检验：

$$\bar{\Delta} = 1/n\sum_{k=1}^{n}\Delta_k = 1/n(|\varepsilon(1)/X^{(0)}(1)| + |\varepsilon(2)/X^{(0)}(2)| + \cdots + |\varepsilon(n)/X^{(0)}(n)|)$$

（2）后验差检验：

$$C = S_2/S_1 = \sqrt{\{1/n\sum_{k=1}^{n}(\varepsilon_{(k)} - \bar{\varepsilon})^2\}/\{1/n\sum_{k=1}^{n}(X^{(0)}(k) - \bar{x})^2\}}$$

（3）小误差概率检验：

$$P=P\{|\varepsilon_{(k)}-\bar{\varepsilon}|<0.6745S_1\}$$

式中，Δ_k为残差；ε 为相对误差；$\bar{\varepsilon}$ 为残差平均值；S_1 为原始数列 $X^{(0)}$ 的标准差；S_2 为残差数列 ε 的标准差；S 为标准差。对于给定 α，当 $\bar{\Delta}<\alpha$ 且 $\Delta<\alpha$ 成立时，称模型为残差合格模型；对于给定 $c_0>0$，当 $C<c_0$ 成立时，称模型为后验差检验合格模型；对于给定 $p_0>0$，当 $P>p_0$ 成立时，称模型为小误差概率检验合格模型。灰色预测模型精度等级评判参照表见表 4-4。

表 4-4　灰色预测模型精度等级评判参照表

模型精度等级	相对误差指标临界值 α	后验差比值 C	小误差概率 P
一级（好）	0.01	$C\leqslant0.35$	$P\geqslant0.95$
二级（合格）	0.05	$0.35<C\leqslant0.5$	$0.80\leqslant P<0.95$
三级（勉强合格）	0.10	$0.5<C\leqslant0.65$	$0.70\leqslant P<0.80$
四级（不合格）	0.20	$C>0.65$	$P<0.70$

4.3 数据来源

针对“丝绸之路经济带”可持续发展的研究，本书以生态足迹模型为主要切入点，利用生态足迹模型、生态经济系统发展能力计算模型、人类发展指数模型以及生态效率计算模型分别表征“丝绸之路经济带”域内的生态-环境系统、生态-经济系统、生态-社会系统和生态-文明系统，综合分析了“丝绸之路经济带”整体以及域内各国的自然生态环境与人类发展指数、社会发展模式、生态经济体系等多方面的可持续发展能力，其所涉及参数模型指标的数据来源如下：

关于“丝绸之路经济带”的地理范围以及各沿线国家发展动态可参考2017年3月21日正式上线的“中国一带一路网”（yidaiyilu. gov. cn）；生态足迹模型相关生态指标数据可参考马西斯·瓦克纳格尔（Mathis Wackernagel）于2003年创办的全球足迹网站（www. footprint network. org）与世界自然基金会（World Wide Fund for Nature，WWF）自2000年起每两年发布一次的《地球生命力报告》（*Living Planet Report*）；由联合国开发计划署（The United Nations Development Programme，UNDP）在1990年《人类发展报告》中提出的衡量区域可持续发展程度的人类发展指数相关指标数据可参考UNDP官方网站（hdr. undp. org）；生态效率与生态经济系统发展能力研究分析中涉及的“丝绸之路经济带”域内各国GDP指标数据可参考世界银行（World Bank，WB）的数据银行（databank. shihang. org）和联合国公共数据库（data. un. org）官方网站。

为了保持“丝绸之路经济带”域内50个国家在1991～2012年所涉猎指标数据的整齐性与完整性，对于相关国家的部分年份缺失数据进行如下处理：在生态足迹模型数据获取过程中，利用滑动平均法对1991年亚美尼亚、阿塞拜疆、白俄罗斯、克罗地亚、爱沙尼亚、格鲁吉亚、哈萨克斯坦、吉尔吉斯斯坦、拉脱维亚、立陶宛、俄罗斯、斯洛伐克、斯洛文尼亚、塔吉克斯坦、土库曼斯坦与乌克兰16个国家以及1992年阿塞拜疆与斯洛伐克两个国家的相关缺失数据进行补充；在六大生物生产性土地类型的生态足迹与生态承载力研究中，根据前后年份的平均值法对 1991 年卢森堡、塞浦路斯、芬兰、爱沙尼亚等国家缺失的统计数据进行填补，依据《地球生命力报告》，选取芬兰、格鲁吉亚、蒙古国、伊朗、伊拉克、吉尔吉斯斯坦、塔吉克斯坦与土库曼斯坦 8 个国家 1991 ~ 2012 年的数据进行研究分析。本书涉及的全部数据获取截止时间为 2017 年 9 月。

由此，本书充分利用和挖掘各地面监测台站、科技文献、相关数据库及历史文献数据，重点关注沿线各国官方统计网站、中国一带一路网、全球足迹网、世界自然基金会、联合国开发计划署及世界银行等网站，根据“丝绸之路经济带”域内各国数据的可获得性和相对完整性，本书尽最大限度和最长时限挖掘与补充了 1991 ~ 2012 年的数据，部分缺失数据通过相关论文文献或滑动平均法予以补充。

第5章 研究结果

5.1 “丝绸之路经济带”生态足迹模型的时间序列动态演变

运用生态足迹模型，对1991～2012年“丝绸之路经济带”人均生态足迹与人均生态承载力进行时间序列分析，将时间尺度上的物质资源消费状态与自然环境的物质供给状态融入生态足迹模型中，以更加直观的方式分析社会经济以及自然因素随时间变化对“丝绸之路经济带”人均生态足迹与人均生态承载力的动态影响。表5-1为1991～2012年“丝绸之路经济带”与全球的生态足迹模型各生态指标的数据计算结果。

表5-1 1991～2012年“丝绸之路经济带”与全球的生态足迹模型各生态指标的数据计算结果

（单位：全球公顷）

年份	人均生态足迹		人均生态承载力		人均生态盈亏	
	“丝绸之路经济带”	全球	“丝绸之路经济带”	全球	“丝绸之路经济带”	全球
1991	4.1005	2.6300	2.9370	2.0500	−1.1635	−0.5800
1992	4.1882	2.6100	2.8985	2.0500	−1.2897	−0.5600
1993	4.0048	2.5700	2.8866	2.0100	−1.1182	−0.5600
1994	3.9648	2.5700	2.8760	2.0000	−1.0888	−0.5700
1995	4.0256	2.5700	2.8650	1.9600	−1.1606	−0.6100
1996	4.0316	2.5900	2.8644	1.9600	−1.1672	−0.6300
1997	4.0566	2.6000	2.9040	1.9400	−1.1526	−0.6600
1998	4.0320	2.5700	2.8918	1.9300	−1.1402	−0.6400
1999	3.9858	2.5500	2.8786	1.9100	−1.1072	−0.6400
2000	4.1576	2.5800	2.8732	1.8800	−1.2844	−0.7000
2001	4.1914	2.5700	2.9184	1.8700	−1.2730	−0.7000

续表

年份	人均生态足迹		人均生态承载力		人均生态盈亏	
	“丝绸之路经济带”	全球	“丝绸之路经济带”	全球	“丝绸之路经济带”	全球
2002	4.1960	2.5600	2.9256	1.8400	−1.2704	−0.7200
2003	4.2918	2.6300	2.8232	1.8200	−1.4686	−0.8100
2004	4.4752	2.7300	2.9030	1.8300	−1.5722	−0.9000
2005	4.5354	2.7700	2.8672	1.8100	−1.6682	−0.9600
2006	4.5520	2.8000	2.8390	1.7900	−1.7130	−1.0100
2007	4.6270	2.8500	2.8402	1.7700	−1.7868	−1.0800
2008	4.6076	2.8500	2.8898	1.7800	−1.7178	−1.0700
2009	4.2268	2.7700	2.8892	1.7500	−1.3376	−1.0200
2010	4.3244	2.8700	2.8462	1.7400	−1.4782	−1.1300
2011	4.3468	2.9000	2.8766	1.7200	−1.4702	−1.1800
2012	4.1922	2.8400	2.8386	1.7000	−1.3536	−1.1400
平均值	4.2325	2.6809	2.8787	1.8686	−1.3538	−0.8123

以下用指数1、指数2分别表示“丝绸之路经济带”国家或地区尺度、全球尺度，对两者生态足迹模型中的生态足迹（EF）指标、生态承载力（BC）指标与生态盈亏（ED）指标进行比较，表5-2为“丝绸之路经济带”生态足迹模型各生态指标比较与说明。

表5-2 “丝绸之路经济带”生态足迹模型各生态指标比较与说明

两者比较		说明
EF_1	EF_2	国家或地区与全球之间的相对需求
BC_1	BC_2	国家或地区占全球生态供给力的份额
EF_1	BC_1	国内或地区生态供给力满足国内或地区需求的能力
EF_1	BC_2	全球生态供给力满足国内或地区需求的能力
ED_1	ED_2	国家或地区与全球生态盈余或赤字的相对比较

因此，为分析“丝绸之路经济带”的供需情况及其占全球供需的份额随时间序列的变化趋势，根据表5-2，现将“丝绸之路经济带”与全球的人均生态足迹、人均生态承载力的数据计算结果全部绘制成折线图，并进行比较分析。

5.1.1 “丝绸之路经济带”的生态足迹及其全球定位

根据“丝绸之路经济带”与全球人均生态足迹对比（图 5-1），不难发现，1991～2012 年“丝绸之路经济带”与全球人均生态足迹均呈现出波动上升的动态变化，且“丝绸之路经济带”的波动幅度更为明显。

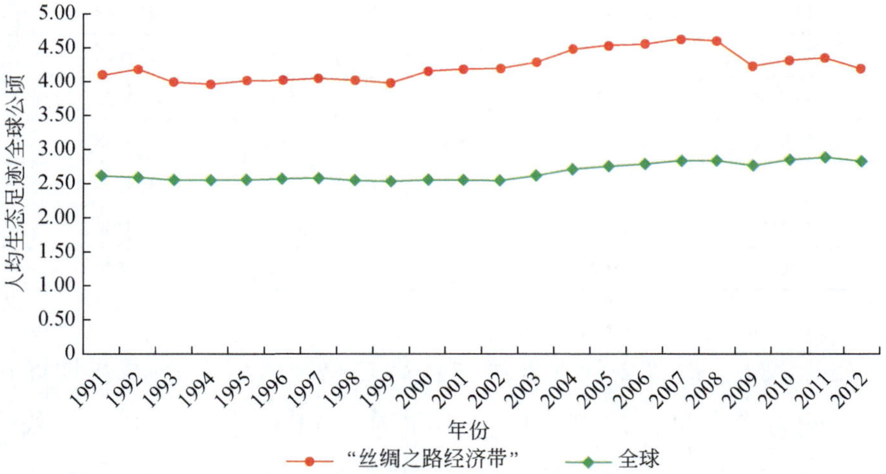

图 5-1　1991～2012 年“丝绸之路经济带”与全球人均生态足迹对比

具体表现为：“丝绸之路经济带”人均生态足迹从 1991 年的 4.1005 全球公顷上升到 1992 年的 4.1882 全球公顷；1992～1994 年人均生态足迹小幅度下降，由 1992 年的 4.1882 全球公顷下降到 1993 年的 4.0048 全球公顷，再由 1993 年的 4.0048 全球公顷下降到 1994 年的 3.9648 全球公顷；之后除了 1997～1999 年人均生态足迹存在极小的下降外，1994～2007 年呈现稳中有升的变化趋势，由 1994 年的 3.9648 全球公顷上升到 2007 年的 4.6270 全球公顷，年均上升 0.0509 全球公顷；2007～2009 年人均生态足迹出现一次较大幅度的降低，由 2007 年的 4.6270 全球公顷下降到 2009 年的 4.2268 全球公顷；2010～2012 年人均生态足迹呈现缓升缓降的波浪式变化。

而全球人均生态足迹的变化趋势虽然看似平缓，但其也存在微小的波动，首先人均生态足迹由 1991 年的 2.6300 全球公顷下降到 1993 年的 2.5700 全球公顷；之后除了 1998 ~ 2002 年人均生态足迹存在小范围增减波动外，1994 ~ 2008 年呈现稳中有升的变化趋势，由 1994 年的 2.5700 全球公顷上升到 2008 年的 2.8500 全球公顷，年均上升0.0200全球公顷；2008 ~ 2009 年人均生态足迹出现一次较大幅度的降低，由 2008 年的 2.8500 全球公顷下降到 2009 年的 2.7700 全球公顷；2009 ~ 2012 年人均生态足迹也呈现缓升缓降的波浪式变化。

通过以上数据分析可知，1991 ~ 2012 年“丝绸之路经济带”与全球人均生态足迹均呈现上升趋势，其中“丝绸之路经济带”人均生态足迹值由 1991 年的 4.1005 全球公顷增长到 2012 年的 4.1922 全球公顷，增幅为 0.0917 全球公顷，年均增长率为 0.1054%；全球人均生态足迹值从 1991 年的 2.6300 全球公顷增长到 2012 年的 2.8400 全球公顷，增幅为0.2100 全球公顷，年均增长率为 0.3665%。由此可以看出：①随着科学技术的整体进步、人类生活的逐年改善以及对物质世界的极大追求，人类对自然资源的需求量与使用量均有所增加，并且“丝绸之路经济带”的人均生态足迹整体要高于全球的人均生态足迹。②“丝绸之路经济带”人均生态足迹的年均增长率显著低于全球人均生态足迹的年均增长率。结合“丝绸之路经济带”经济的快速增长及其对全球经济增长的巨大贡献，说明“丝绸之路经济带”的自然资源利用效率在一定程度上要高于全球自然资源利用效率。

5.1.2 “丝绸之路经济带”的生态承载力及其全球定位

根据“丝绸之路经济带”与全球人均生态承载力对比（图5-2），不难发现，1991 ~ 2012 年“丝绸之路经济带”与全球人均生态承载力均呈现出不同程度下降的趋势，且全球的下降幅度较大，而“丝绸之路经济带”的波动性较大，整体呈现出在经过连续几年的下降之后又穿插一年或两年的小幅度上升，但其每一次上升的值或幅度都不及前一次上升的值或幅度的多次上下波动的态势。

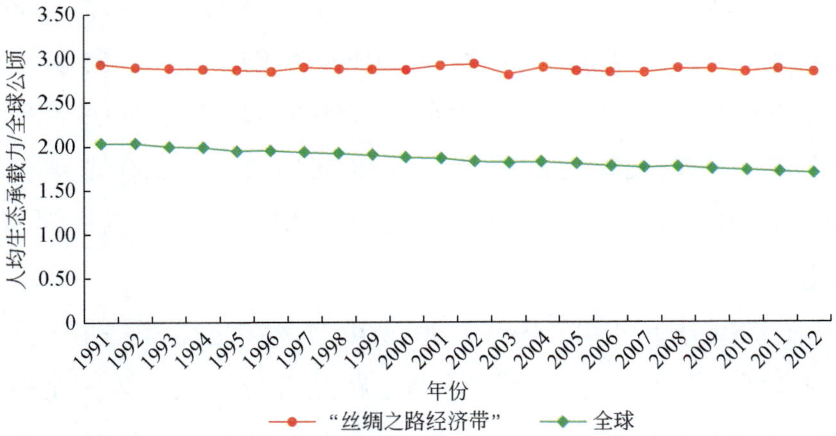

图 5-2 1991 ~ 2012 年“丝绸之路经济带”与全球人均生态承载力对比

具体表现为：“丝绸之路经济带”人均生态承载力从 1991 年的 2.9370 全球公顷下降到 1992 年的 2.8985 全球公顷之后，1993 ~ 2000 年人均生态承载力基本保持在2.8800 全球公顷附近进行小幅度波动；2002 年人均生态承载力回升至 2.9256 全球公顷之后，2002 ~ 2004 年人均生态承载力经历大幅度降低与大幅度增加的变化过程，分别从 2002 年的2.9256 全球公顷下降到 2003 年的 2.8232 全球公顷再从 2003 年的 2.8232 全球公顷回升至 2004 年的 2.9030 全球公顷；最后除了 2008 年人均生态承载力回升至 2.8898 全球公顷外，2005 ~ 2012 年则保持有增有减波浪式变化。全球人均生态承载力除了 2004 年与 2008 年同样存在小幅度回升之外，1991 ~ 2012 年人均生态承载力整体呈现直线平稳下降的态势。

通过以上数据分析可知，1991 ~ 2012 年“丝绸之路经济带”与全球人均生态承载力均呈现缓慢下降的趋势，其中“丝绸之路经济带”人均生态承载力由 1991 年的 2.9370 全球公顷下降至 2012 年的 2.8386 全球公顷，减幅为 0.0984 全球公顷，年均降低率为 0.1621%；全球人均生态承载力从 1991 年的 2.0500 全球公顷下降至 2012 年的 1.7000 全球公顷，减幅约为 0.3500 全球公顷，年均降低率为 0.8875%。由此可以看出：①随着人类对自然资源与生态系统的持续开发利用和深度挖掘，地球上的可再生资源与有限的不可再生资源不断减少。②“丝绸之路经济带”人均生态承载力整体要高于全球人均生态承载力，且“丝绸之路经济带”人均生态承载力的年均降低率要低于全球人均生态承载力的年均降低率。说明在一定程度上全球生态系统服务与资源的人为破坏、丢弃或者非人为自然流失程度要高于“丝绸之路经济带”生态系统服务与资源的人为破坏、丢弃或者非人为自然流失程度。同样结合“丝绸之路经济带”的经济增长及其对全球经济增长的贡献，进一步说明“丝绸之路经济带”的自然资源利用效率和生态承载力要相对高于全球的自然资源利用效率和生态承载力。

5.1.3 “丝绸之路经济带”的生态供需及其全球定位

将“丝绸之路经济带”人均生态足迹分别与“丝绸之路经济带”以及全球人均生态承载力进行比较，从而可以分析“丝绸之路经济带”的生态供需情况。从1991～2012年“丝绸之路经济带”人均生态足迹与自身及全球人均生态承载力的对比（图5-3）可知，1991～2012年，“丝绸之路经济带”人均生态足迹总体呈波动上升趋势，说明域内人口对自然资本的利用在逐年增加，“丝绸之路经济带”与全球人均生态承载力总体则呈下降趋势，不同的是，全球人均

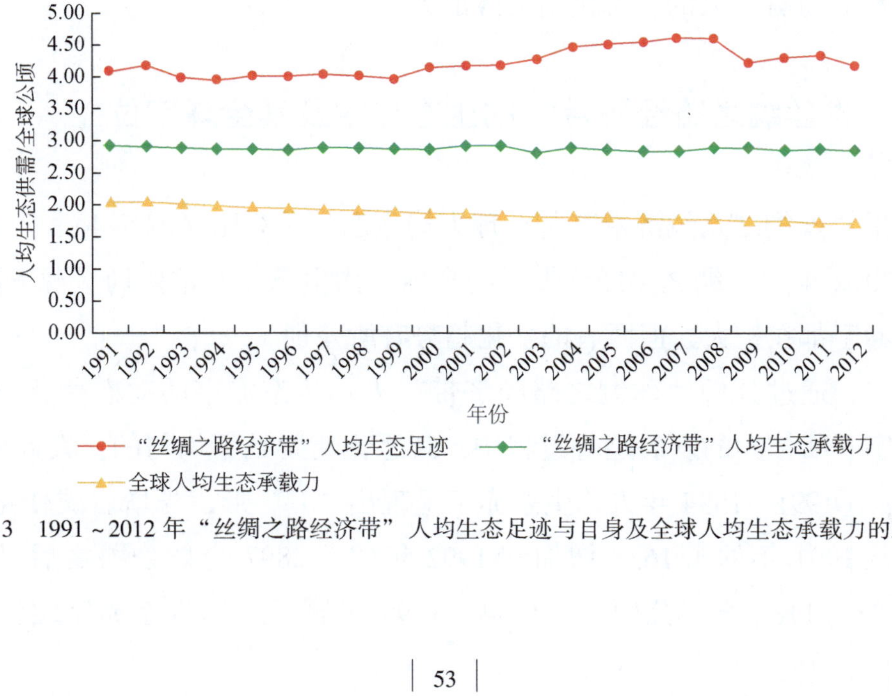

图5-3　1991～2012年“丝绸之路经济带”人均生态足迹与自身及全球人均生态承载力的对比

生态承载力表现为连续下降的态势，而“丝绸之路经济带”人均生态承载力表现为波动式小幅度上升的态势，说明“丝绸之路经济带”的生态保护和资源利用具有一定的弹性空间或者提升潜力。

数据显示：①1991～2012年“丝绸之路经济带”人均生态足迹（4.2325全球公顷）与域内人均生态承载力（2.8787全球公顷）的差额为1.3538全球公顷，与全球人均生态承载力（1.8686全球公顷）的差额为2.3639全球公顷，暗示支撑“丝绸之路经济带”发展需要1.47倍的域内人均生态承载力，再对照全球，则需要2.27倍的全球人均生态承载力，说明“丝绸之路经济带”面临的生态承载压力要明显大于全球。②从变化速率上看，1991～2012年，“丝绸之路经济带”人均生态足迹年均增长率为0.1054%，全球人均生态足迹年均增长率为0.3665%，同期“丝绸之路经济带”域内人均生态承载力年均降低率为0.1621%，而全球人均生态承载力年均降低率为0.8875%，显示“丝绸之路经济带”无论是人均生态承载力的年均降低率还是人均生态足迹的年均增长率，均小于全球的人均生态承载力的年均降低率和人均生态足迹的年均增长率。说明同样面临人类经济社会快速发展，自然资源使用需求量日益扩大，全球生态系统供给能力入不敷出的大背景下，相对于全球而言，“丝绸之路经济带”将有更大的生态供给支撑能力。

5.1.4 “丝绸之路经济带”的生态赤字及其全球定位

根据“丝绸之路经济带”与全球人均生态盈亏对比（图5-4），不难发现，1991～2012年“丝绸之路经济带”与全球人均生态盈亏整体均呈现下降趋势，即生态赤字都在扩大，但两者的变化趋势有所差别。

首先，通过分析“丝绸之路经济带”人均生态赤字的动态变化可知，在生态赤字不断扩大的发展趋势过程中，其恶化速度是不均匀的，大致可分为4个阶段：①1991～1994年人均生态赤字呈现出“U”形，先增后减变化，具体表现为从1991年的1.1635增加到1992年的1.2897全球公顷之后又回落到1993年的1.1182全球公顷；②1994～1999年属于人均生态赤字缓慢恶化阶

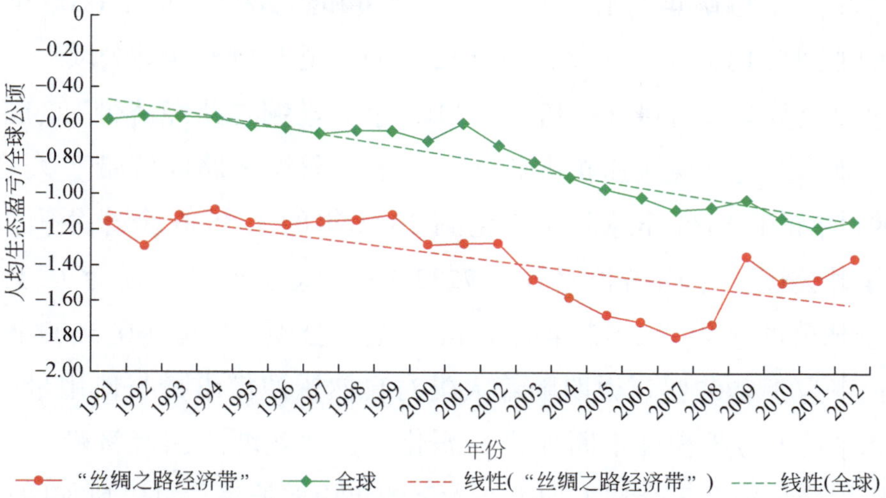

图 5-4 1991～2012 年“丝绸之路经济带”与全球人均生态盈亏对比

段，其主要特征是从 1994 年的 1.0888 全球公顷平稳加重恶化到 1996 年的 1.1672 全球公顷；③1999～2007 年属于人均生态赤字快速恶化阶段，从 1999 年的 1.1072 全球公顷持续扩大到 2007 年的 1.7868 全球公顷，其中 2000～2002 年保持在 1.2800 全球公顷的平稳状态；④2007 年之后，人均生态赤字经历了倒“U”形飞速减小又小幅度增加，从 2008 年的 1.7178 全球公顷缓慢下降到 2009 年的 1.3376 全球公顷，2010 年恶化到 1.4782 全球公顷，到 2012 年回升至 1.3536 全球公顷。

其次，全球人均生态赤字总体上呈现出平稳恶化的趋势，但其恶化的速度与“丝绸之路经济带”的变化过程趋于一致，大致可分为 3 个阶段：①1991～1999 年属于人均生态赤字缓慢增加阶段，具体表现为 1991～1995 年呈倒“U”形，先减后增的微小幅度变化，从 1991 年的 0.5800 全球公顷先缓和到 1993 年的 0.5600 全球公顷，再恶化到 1995 年的0.6100全球公顷，1995～1999 年呈“U”形，先增后减的微小幅度变化，从 1995 年的0.6100 全球公顷恶化到 1997 年的 0.6600 全球公顷，再缓和到 1999 年的 0.6400 全球公顷；②1999～2007 年属于人均生态赤字快速恶化阶段，从 1999 年的 0.6400 全球公顷持续扩大到 2007 年的1.0800全球公顷，其中 2000～2002 年保持在 0.7000 全球公顷左右的相对平稳状态；③2007 年之后，人均生态赤字同样经历了倒“U”形飞速减小又小幅度增加阶段，从2007年的1.0800全球公顷缓和到2009年的1.0200全球公顷，2011年增加到1.1800全球公顷，到2012年回升至1.1400全球公顷。

通过以上数据分析可知，1991～2012年“丝绸之路经济带”与全球人均生态赤字总体上均呈现快速扩大趋势，其中“丝绸之路经济带”人均生态赤字由1991年的1.1635全球公顷恶化到2012年的1.3536全球公顷，增幅为0.1901全球公顷，年均增长率为0.7232%；全球人均生态赤字从1991年的0.5800全球公顷恶化到2012年的1.1400全球公顷，增幅为0.5600全球公顷，年均增长率为3.2702%。说明随着人类对自然资源需求量与使用量的不断增加，生态系统的亏损程度不断加剧和恶化，但“丝绸之路经济带”人均生态赤字的年均增长率低于全球人均生态赤字的年均增长率，可以更加明显地显示出“丝绸之路经济带”人均生态赤字与全球生态赤字差距趋于缩小的态势，这恰恰对应了5.1.1节中“丝绸之路经济带”自然资源的利用效率一定程度上要高于全球自然资源的利用效率的结论。

5.2 “丝绸之路经济带”的可持续发展现状及域内空间分布特征

本书选取人类社会可持续发展的环境影响领域，认可度较高和适用范围较广的几个方法进行综合与集成，构建并利用生态足迹模型、生态经济系统发展能力计算模型、人类发展指数模型和生态效率计算模型，分别表征生态-环境系统、生态-经济系统、生态-社会系统、生态-文明系统的四位一体的“丝绸之路经济带”可持续发展能力评估模型。

5.2.1 “丝绸之路经济带”生态-环境系统要素分析

从地理经济学意义上看，起源于中国的“丝绸之路经济带”，通过北、中、南三线穿过中亚、西亚、南亚等地区后，途经里海、黑海、地中海沿岸和阿拉伯半岛，西至欧洲和北非，将东亚、东南亚产业链与发达的欧洲经济体和发展中的非洲相连接，有望成为亚欧非三大洲广大地区经贸人文交流的大动脉。

利用生态足迹模型对“丝绸之路经济带”可持续发展的空间位置演变进行分析，首先对 1991～2012 年“丝绸之路经济带”域内 50 个国家的人均生态足迹、人均生态承载力和人均生态盈亏数据进行计算和统计，并将数据结果进行汇总（表 5-3）。

表 5-3　1991～2012 年“丝绸之路经济带”人均生态足迹、人均生态承载力和人均生态盈亏的数据结果

（单位：全球公顷）

国家	人均生态足迹	人均生态承载力	人均生态盈亏
阿富汗	0. 6814	0. 5700	-0. 1114
亚美尼亚	1. 5185	0. 7086	-0. 8099
奥地利	5. 8236	3. 2273	-2. 5963
阿塞拜疆	2. 1527	0. 7739	-1. 3788
孟加拉国	0. 5518	0. 3368	-0. 2150
白俄罗斯	4. 3635	3. 0048	-1. 3587
比利时	7. 3173	1. 1095	-6. 2078
保加利亚	3. 4927	2. 3982	-1. 0945
中国	2. 2755	0. 8673	-1. 4082
克罗地亚	3. 3636	2. 6612	-0. 7024
塞浦路斯	5. 1573	0. 4695	-4. 6878
捷克	5. 7969	2. 5216	-3. 2753
丹麦	7. 9364	4. 7614	-3. 1750
爱沙尼亚	6. 8995	9. 5711	2. 6716
芬兰	6. 7145	13. 9664	7. 2519
法国	5. 5868	3. 1114	-2. 4754
格鲁吉亚	1. 3374	1. 1515	-0. 1859
德国	5. 6955	1. 9750	-3. 7205
希腊	5. 4886	1. 6832	-3. 8054

续表

国家	人均生态足迹	人均生态承载力	人均生态盈亏
匈牙利	3. 7168	2. 2577	-1. 4591
印度	0. 8595	0. 4205	-0. 4390
伊朗	2. 3795	0. 9105	-1. 4690
伊拉克	1. 6491	0. 3014	-1. 3477
爱尔兰	6. 0355	4. 1595	-1. 8760
以色列	5. 4995	0. 3795	-5. 1200
意大利	5. 4468	1. 1532	-4. 2936
约旦	1. 9655	0. 2168	-1. 7487
哈萨克斯坦	5. 3303	3. 6338	-1. 6965
吉尔吉斯斯坦	1. 6491	1. 4949	-0. 1542
拉脱维亚	5. 2497	7. 6295	2. 3798
立陶宛	4. 3273	3. 7402	-0. 5871
卢森堡	14. 5850	1. 9377	-12. 6473
蒙古国	6. 0664	17. 9805	11. 9141
缅甸	1. 1564	1. 7427	0. 5863
荷兰	6. 3009	1. 0682	-5. 2327
巴基斯坦	0. 7750	0. 4005	-0. 3745
波兰	4. 4468	1. 9418	-2. 5050
葡萄牙	4. 6018	1. 5564	-3. 0454
罗马尼亚	3. 0191	2. 2250	-0. 7941
俄罗斯	5. 2868	6. 7767	1. 4899
斯洛伐克	4. 0048	2. 8825	-1. 1223
斯洛文尼亚	4. 7371	2. 4050	-2. 3321
西班牙	5. 0773	1. 4764	-3. 6009
瑞典	6. 7227	11. 2736	4. 5509
叙利亚	1. 7600	0. 7786	-0. 9814

续表

国家	人均生态足迹	人均生态承载力	人均生态盈亏
塔吉克斯坦	0.9156	0.5102	-0.4054
土库曼斯坦	4.2924	3.4950	-0.7974
乌克兰	3.5205	1.9645	-1.5560
英国	5.8309	1.4350	-4.3959
乌兹别克斯坦	2.2614	0.9174	-1.3440

5.2.1.1 “丝绸之路经济带”人均生态足迹的空间分布特征

利用1991～2012年“丝绸之路经济带”域内50个国家的相关统计数据，以及结合表5-3，我们制作了1991～2012年“丝绸之路经济带”国家人均生态足迹的柱形图(图5-5)，从浅到深的颜色梯度变化代表人均生态足迹从低到高的程度变化。分段区间利用全球人均生态承载力均值（1.8686全球公顷)、全球人均生态足迹均值（由于“丝绸之路经济带”人均生态承载力均值2.8787全

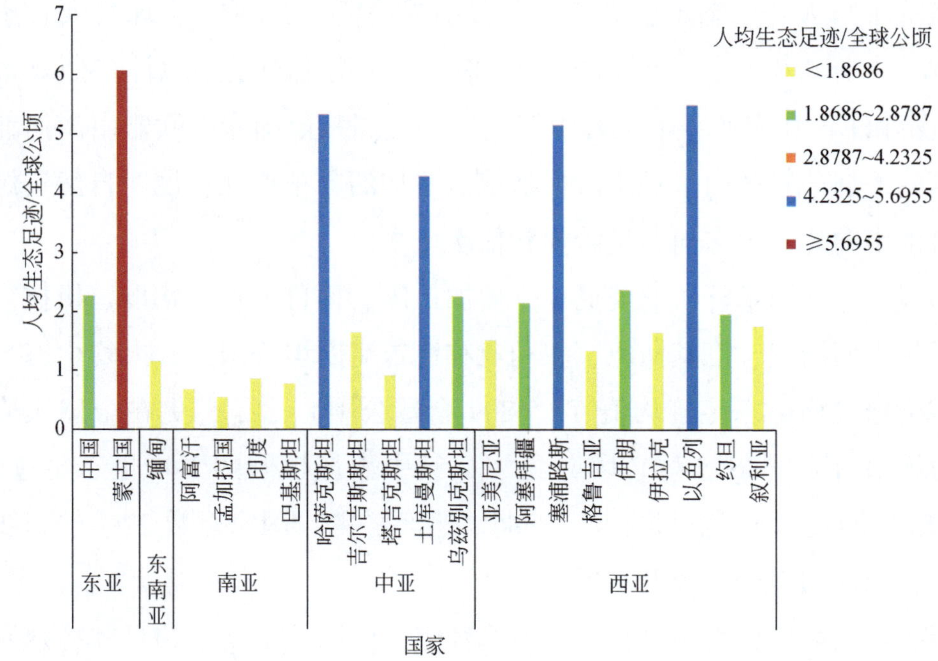

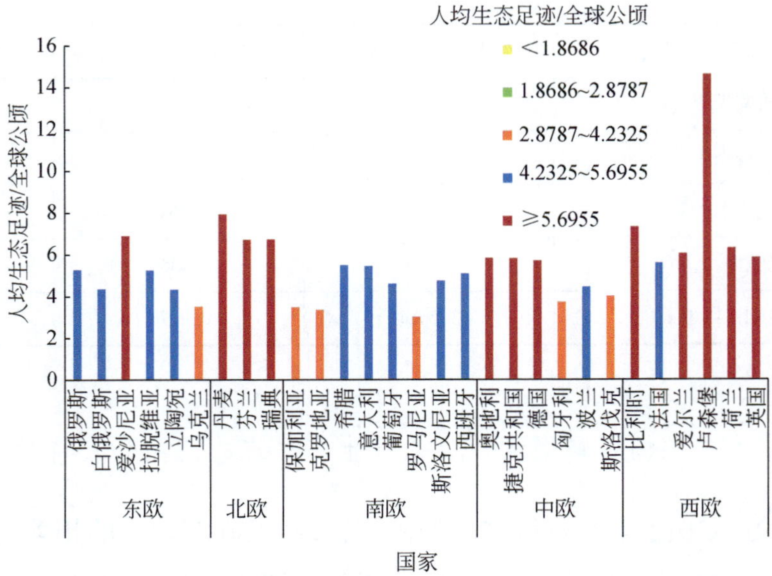

图 5-5 1991～2012 年"丝绸之路经济带"国家人均生态足迹的柱形图

球公顷与全球人均生态足迹均值2.6809 全球公顷较为接近，在此将两者归为一档)、"丝绸之路经济带"人均生态足迹均值（4.2325 全球公顷）与"丝绸之路经济带"人均生态足迹等个数分段临界高值（5.6955 全球公顷）进行自定义划分。分析发现，"丝绸之路经济带"人均生态足迹大体按照亚太地区（蒙古国除外）和南亚—中东和中亚地区—欧洲其他国家—欧盟由南向北、由东向西的地理分布区而呈现出阶梯状依次增加的分布特征，说明自然资源使用需求量由南向北、由东向西呈阶梯状依次增多。

南线：包括阿富汗、亚美尼亚、孟加拉国、格鲁吉亚、印度、伊拉克、缅甸、吉尔吉斯斯坦、巴基斯坦、叙利亚和塔吉克斯坦等国家，人均生态足迹均不仅在全球人均生态足迹均值（2.6809 全球公顷）之下，更在全球人均生态承载力均值（1.8686 全球公顷）之下，其中孟加拉国的人均生态足迹最小，为0.5518 全球公顷，表明约占"丝绸之路经济带"国家总数22%的南线国家的自然资源使用量处于较低水平。

中线：又可以分为两类，其中阿塞拜疆、中国、伊朗、约旦和乌兹别克斯坦等国家的人均生态足迹处于全球人均生态承载力均值（1.8686 全球公顷）

之上，全球人均生态足迹均值（2.6809 全球公顷）之下；保加利亚、克罗地亚、匈牙利、罗马尼亚、斯洛伐克和乌克兰等国家的人均生态足迹均在全球人均生态足迹均值（2.6809 全球公顷）之上、“丝绸之路经济带”人均生态足迹均值（4.2325 全球公顷）之下，说明约占“丝绸之路经济带”国家总数 22% 的中线国家的自然资源使用量处于中等水平。

北线：剩余约 56% 的国家人均生态足迹则在“丝绸之路经济带”人均生态足迹均值（4.2325 全球公顷）之上，其中白俄罗斯、塞浦路斯、法国、德国、希腊、以色列、意大利、拉脱维亚、立陶宛、波兰、葡萄牙、俄罗斯、哈萨克斯坦、斯洛文尼亚、西班牙和土库曼斯坦等国家人均生态足迹略高于“丝绸之路经济带”人均生态足迹均值（4.2325全球公顷），而奥地利、比利时、捷克、丹麦、爱沙尼亚、芬兰、爱尔兰、卢森堡、蒙古国、荷兰、瑞典和英国等国家人均生态足迹则处于更高程度（>5.6955 全球公顷），其中卢森堡的人均生态足迹更是高达 14.5850 全球公顷，说明“丝绸之路经济带”北线国家的自然资源需求量大大超越了生态系统的承载范围，容易出现物质资源匮乏现象。

5.2.1.2 “丝绸之路经济带”人均生态承载力的空间分布特征

图 5-6 为 1991 ~ 2012 年“丝绸之路经济带”国家的人均生态承载力柱形图。分段区间利用全球人均生态承载力等个数分段临界低值（0.7739 全球公顷）、全球人均生态承载力均值（1.8686 全球公顷）、“丝绸之路经济带”人均生态承载力均值（同样，由于全球人均生态足迹均值 2.6809 全球公顷与“丝绸之路经济带”人均生态承载力均值2.8787全球公顷较为接近，在此将两者归为一档）与丝绸之路经济带的人均生态足迹均值（4.2325 全球公顷）进行自定义划分。分析发现，“丝绸之路经济带”人均生态承载力大体按照亚太地区（蒙古国除外）和南亚—中东和中亚地区—欧洲其他国家—欧盟由南向北、由东向西的地理分布区呈现出比较明显的阶梯状依次增加的分布特征，说明生态供给能力依次增加。

南线：约 50% 的国家人均生态承载力在全球人均生态承载力均值（1.8686 全球公顷）之下，其中阿富汗、亚美尼亚、孟加拉国、塞浦路斯、印

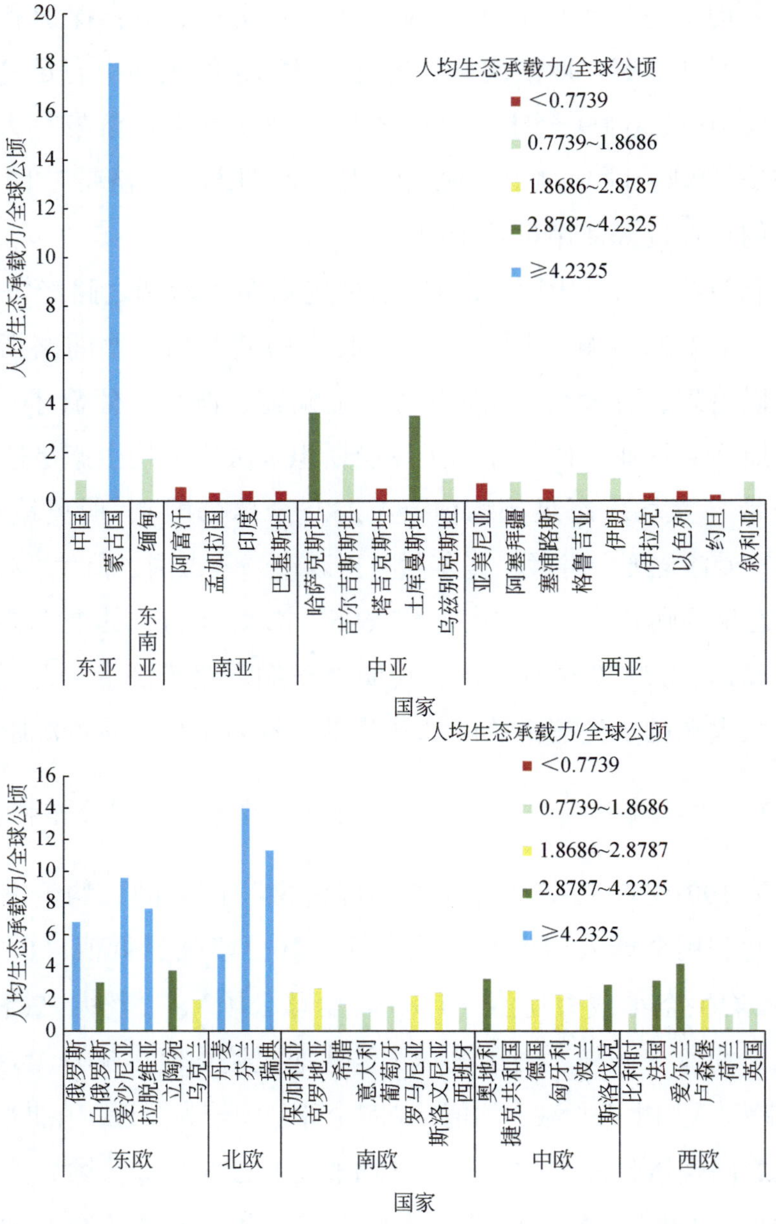

图 5-6　1991 ~ 2012 年“丝绸之路经济带”国家的人均生态承载力柱形图

度、伊拉克、以色列、约旦、巴基斯坦和塔吉克斯坦等国家的人均生态承载力处于超低水平（<0. 7739 全球公顷），约旦的人均生态承载力最低（0. 2168 全球公顷）；同时，阿塞拜疆、比利时、中国、格鲁吉亚、希腊、伊朗、意大利、吉尔吉斯斯坦、缅甸、荷兰、葡萄牙、西班牙、叙利亚、英国和乌兹别克斯坦等

国家人均生态承载力处于全球人均生态承载力均值（1.8686 全球公顷）之下，表明“丝绸之路经济带”南线大部分国家自然资源供给量处于较低水平。

中线：约20%的国家，包括了保加利亚、克罗地亚、捷克、德国、匈牙利、卢森堡、波兰、罗马尼亚、斯洛文尼亚、乌克兰等国家的人均生态承载力处于全球人均生态承载力均值（1.8686 全球公顷）之上，“丝绸之路经济带”人均生态承载力均值（2.8787 全球公顷）之下，相对处于“丝绸之路经济带”生态系统供给能力的中下水平。

北线：剩下约30%的国家人均生态承载力处于相对较高的水平。其中奥地利、白俄罗斯、法国、爱尔兰、哈萨克斯坦、立陶宛、斯洛伐克和土库曼斯坦等国家的人均生态承载力高于“丝绸之路经济带”人均生态承载力均值（2.8787 全球公顷），但还不能弥补“丝绸之路经济带”人均生态足迹均值（4.2325 全球公顷），相对处于中上水平；丹麦、爱沙尼亚、芬兰、拉脱维亚、蒙古国、俄罗斯和瑞典等国家的人均生态承载力高于“丝绸之路经济带”人均生态足迹均值（4.2325 全球公顷），其中瑞典、芬兰和蒙古国的人均生态承载力更是超过了10 全球公顷，分别达到了11.2736 全球公顷，13.9664 全球公顷和17.9805 全球公顷，说明“丝绸之路经济带”北线国家生态供给能力处于较高水平，其提供的生态产品与生态系统服务可以满足“丝绸之路经济带”域内国家或地区人口对自然资源的平均需求。

5.2.1.3 “丝绸之路经济带”人均生态盈亏的空间分布特征

图5-7为1991～2012年“丝绸之路经济带”国家的人均生态盈亏柱形图，其中人均生态盈亏采用人均生态足迹与人均生态承载力的差值表征，绿色部分代表处于人均生态盈余状态，红色部分代表处于人均生态亏损状态，从浅到深的颜色梯度变化说明人均生态盈亏从低到高的程度变化。分段区间利用“丝绸之路经济带”人均生态足迹均值（4.2325全球公顷）、“丝绸之路经济带”人均生态承载力均值（2.8787 全球公顷）、全球人均生态盈亏均值（-0.8123 全球公顷）与“丝绸之路经济带”人均生态盈亏均值（-1.3538 全球公顷）进行自定义划分。

由图5-7可知，“丝绸之路经济带”人均生态盈亏按照亚太地区（蒙古国除外）和南亚—中东和中亚地区—欧洲其他国家—欧盟由南向北、由东向西的地理分布区呈现逐次增加的分布特征，说明“丝绸之路经济带”域内50个国家主要表现为人均生态盈余的部分北欧、东欧、东亚和东南亚国家与人均生态赤字的西欧、中亚、西亚国家的南北差异分布特征。根据“丝绸之路经济带”域内各国人均生态盈亏情况可以进行如下分类。

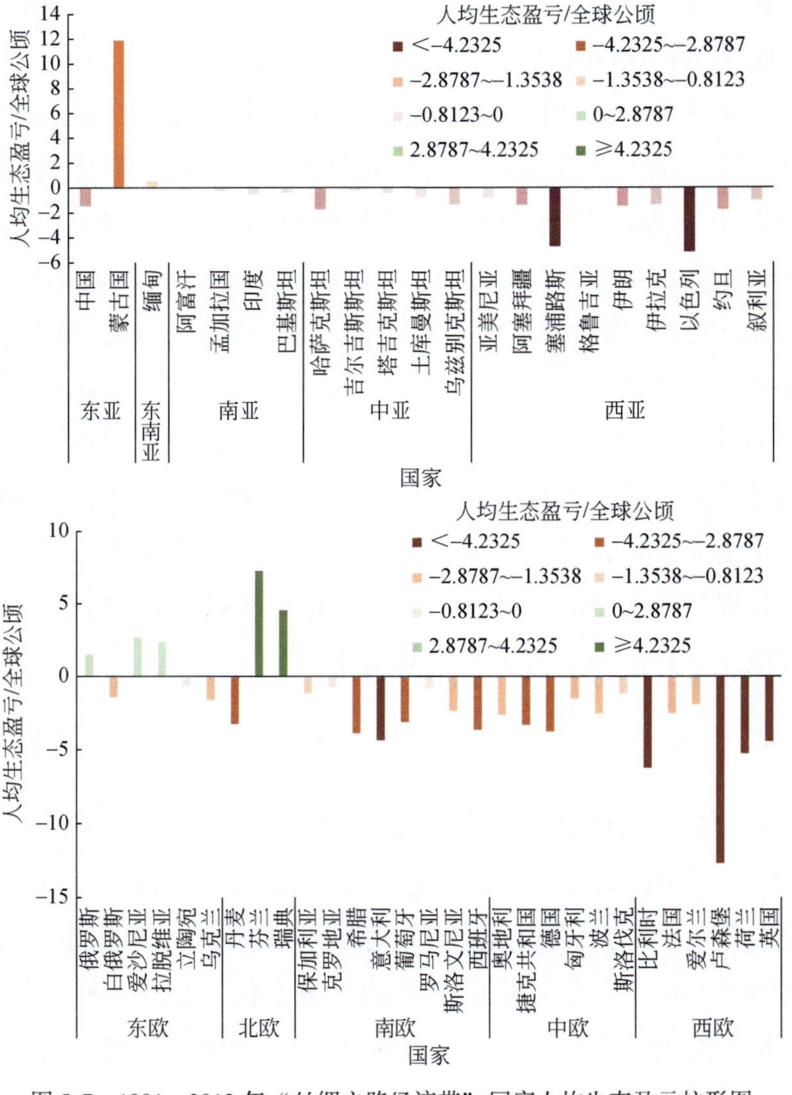

图5-7　1991～2012年“丝绸之路经济带”国家人均生态盈亏柱形图

生态盈余：约14%的国家处于人均生态盈余，其中瑞典、芬兰和蒙古国3

个国家高出“丝绸之路经济带”人均生态足迹均值（4.2325 全球公顷）而处于高度人均生态盈余水平，说明其自然资源盈余量基本可以满足域内国家或地区对于自然资源的平均需求量；而缅甸、俄罗斯、拉脱维亚和爱沙尼亚等国家的人均生态盈余量在“丝绸之路经济带”人均生态承载力均值（2.8787 全球公顷）范围之内，处于低度生态盈余状态，表明这些国家的自然资源盈余未达到域内国家或地区自然资源生态系统的平均供给能力。

低度生态亏损：约 34% 的国家处于低度生态亏损。其中阿富汗、吉尔吉斯斯坦、格鲁吉亚、孟加拉国、巴基斯坦、塔吉克斯坦、印度、立陶宛、克罗地亚、罗马尼亚、土库曼斯坦和亚美尼亚等国家的人均生态赤字低于全球人均生态盈亏均值（-0.8123 全球公顷），说明自然资源处于低度生态亏损状态；而斯洛伐克、保加利亚、叙利亚、乌兹别克斯坦和伊拉克等国家的人均生态赤字则介于全球人均生态盈亏均值（-0.8123 全球公顷）和“丝绸之路经济带”人均生态盈亏均值（-1.3538 全球公顷）之间，同样处于较低程度的生态亏损状态。

中度生态亏损：约 38% 的国家处于中度生态亏损。其中白俄罗斯、阿塞拜疆、中国、哈萨克斯坦、匈牙利、伊朗、乌克兰、约旦、爱尔兰、斯洛文尼亚、法国、波兰、奥地利等国家的人均生态赤字高于“丝绸之路经济带”人均生态盈亏均值（-1.3538 全球公顷），但多数国家人均生态承载力和人均生态足迹均低于“丝绸之路经济带”人均生态承载力均值（2.8787 全球公顷）和人均生态足迹均值（4.2325 全球公顷）；葡萄牙、丹麦、捷克、西班牙、德国、希腊等国家的人均生态赤字高于“丝绸之路经济带”人均生态盈亏均值（-1.3538全球公顷），但除丹麦外，其他国家人均生态承载力要略低于“丝绸之路经济带”人均生态承载力均值（2.8787 全球公顷），人均生态足迹则略高于“丝绸之路经济带”人均生态足迹均值（4.2325 全球公顷），说明以上国家或地区对生态系统自然资源透支程度已经超过了“丝绸之路经济带”生态系统的平均供给能力，生态供给能力相对较低，已经不足以支撑其发展需求，处于中度的生态亏损状态。

高度生态亏损：约 14% 的国家，如意大利、英国、塞浦路斯、以色列、荷兰、比利时、卢森堡的人均生态赤字则远高于“丝绸之路经济带”人均盈亏均值（-1.3538 全球公顷），其人均生态足迹远高于“丝绸之路经济带”人均生态足迹的均值（4.2325 全球公顷），同时其人均生态承载力则远低于“丝绸之路经济带”人均生态承载均值（2.8787 全球公顷）。说明以上国家或地区对生态系统和自然资源的开发利用，不仅其自然资源透支程度已经远远超过“丝绸之路经济带”人类社会对生态系统的平均需求量与消耗量，而且已经超过当地生命支撑系统的资源供给能力，经济社会处于较高的不可持续发展状态。

5.2.1.4 “丝绸之路经济带”生态足迹多样性的空间位置演变

利用 1991 ~2012 年“丝绸之路经济带”域内 50 个国家的相关统计数据，通过计算并制作了 1991 ~2012 年“丝绸之路经济带”国家生态足迹多样性指数布局分布图（图 5-8）。结果显示，“丝绸之路经济带”各国生态足迹多样性指数分布虽有差异但相对集中，整体为 0.7 ~1.5，大部分为 1 ~1.3（据测算，如果生态足迹在各地类中能够平均分配，多样性指数应该为 1.7918）。各国多样性指数整体偏小，这是由于农业资源用地和化石能源用地的人均生态足迹遥遥领先于其他用地的人均生态足迹。已有研究表明，生态足迹多样性与生态经济系统发展能力呈正相关关系（徐中民等，2003），所以要提高生态经济系统发展能力，就要有效提高多样性指数，同时要有效降低人类对环境的影响，还要大幅度降低生态足迹，这首先就需要有效降低农业资源用地和化石能源用地的人均生态足迹，同时要尽量均等地增加各种不同类型土地资源利用。

图 5-8 中数字 1 ~50 分别代表的国家为中国、蒙古国、缅甸、阿富汗、孟加拉国、印度、巴基斯坦、哈萨克斯坦、吉尔吉斯斯坦、塔吉克斯坦、土库曼斯坦、乌兹别克斯坦、亚美尼亚、阿塞拜疆、格鲁吉亚、伊朗、伊拉克、以色列、约旦、叙利亚、奥地利、比利时、保加利亚、塞浦路斯、克罗地亚、捷克、丹麦、爱沙尼亚、芬兰、法国、德国、希腊、匈牙利、爱尔兰、意大利、拉脱维亚、立陶宛、卢森堡、荷兰、波兰、葡萄牙、罗马尼亚、斯洛伐克、斯洛文尼亚、西班牙、瑞典、俄罗斯、白俄罗斯、乌克兰、英国。

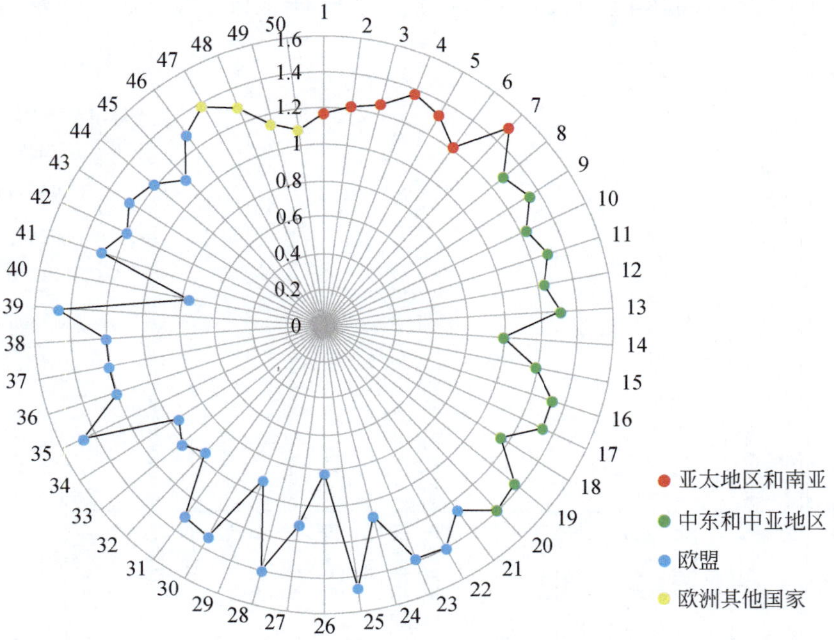

图 5-8　1991 ~ 2012 年“丝绸之路经济带”国家生态足迹多样性指数布局分布图

5.2.2　“丝绸之路经济带”生态–经济系统要素分析

利用 1991 ~ 1992 年“丝绸之路经济带”域内 50 个国家的人均生态足迹与生态足迹多样性指数的统计数据结果，参考美国生态学家 Robert E. Ulanowicz 的发展能力计算模型，利用 1991 ~ 2012 年“丝绸之路经济带”人均生态足迹与生态足迹多样性指标的数据结果进行等个数分段，制作发展能力柱形图（图 5-9），从浅到深的颜色梯度变化代表生态经济系统发展能力从低到高的程度变化。由图 5-9 可知，生态经济系统发展能力大体按照亚太地区（蒙古国除外）和南亚—中东和中亚地区—欧洲其他国家—欧盟由南向北、由东向西的地理分布区而呈现出阶梯状逐渐增加的分布特征。

（1）孟加拉国、阿富汗、巴基斯坦、印度、塔吉克斯坦、伊拉克、缅甸、格鲁吉亚、亚美尼亚和叙利亚等国家的生态经济系统发展能力处于相对较低的水平（1.9963），其中生态足迹多样性指数较高的阿富汗、孟加拉国与格鲁吉亚等国家人均资源需求量与使用量偏低，导致在整体上生态经济系统发展能力相对较弱。

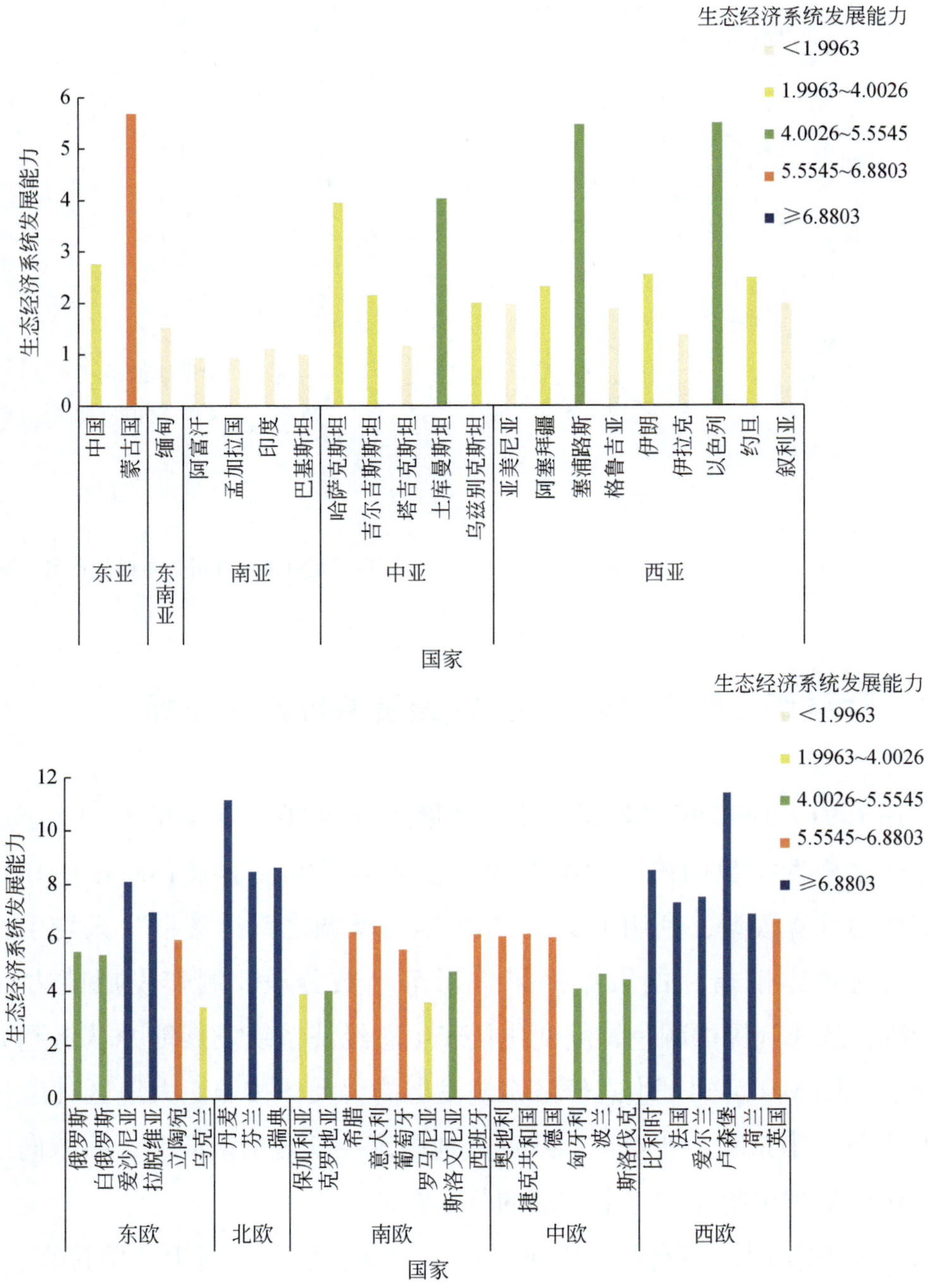

图 5-9　1991～2012 年“丝绸之路经济带”生态经济系统发展能力柱形图

（2）乌兹别克斯坦、吉尔吉斯斯坦、阿塞拜疆、约旦、伊朗、哈萨克斯坦、中国、乌克兰、罗马尼亚、保加利亚等国家生态经济系统发展能力相对较好，处于中低等水平（1.9963～4.0026），主要在于以上各个国家与较低发展能力国家相比，在相似的生态稳定性情况下，人均自然资源需求量有所增加，因此各个国家生态经济系统发展能力有所提高。

（3）在人均生态足迹与生态足迹多样性指数基本都处于中等水平的克罗地亚、土库曼斯坦、匈牙利、斯洛伐克、波兰、斯洛文尼亚、白俄罗斯、塞浦路斯、以色列与俄罗斯等国家，其生态经济系统发展能力处于相对中高等水平（4.0026～5.5545）。

（4）葡萄牙、蒙古国、立陶宛、德国、奥地利、西班牙、捷克、希腊、意大利和英国等国家拥有相对较高的生态经济系统发展能力（5.5545～6.8803），其中在具有同等生态经济系统发展能力的国家中，由于立陶宛与葡萄牙的生态足迹多样性指数相对较高，其生态经济系统稳定程度较大。

（5）在具有较大的人均自然需求量的背景下，荷兰、拉脱维亚、法国、爱尔兰、爱沙尼亚、芬兰、比利时、瑞典、丹麦和卢森堡等国家具有超高的生态经济系统发展能力（≥6.8803），相对而言，其中丹麦、爱沙尼亚、法国、拉脱维亚与瑞典国家的生态足迹多样性指数较高，这些国家生态经济系统较其他国家也相对更加稳定。

5.2.3 “丝绸之路经济带”生态–社会系统要素分析

利用1991～2012年“丝绸之路经济带”域内50个国家的人均生态足迹与人类发展指数的统计数据，采用生态足迹模型与人类发展指数模型两大指标分别表征评估自然环境与人类社会的可持续性发展程度，制作出人均生态足迹与人类发展指数散点分布图（图5-10），来显示“丝绸之路经济带”地理分布区人类社会发展与其自然资源需求的关系。对1991～2012年“丝绸之路经济带”人均生态足迹与人类发展指数进行具体分析发现，人类发展水平具有明显的区域性分布特征。

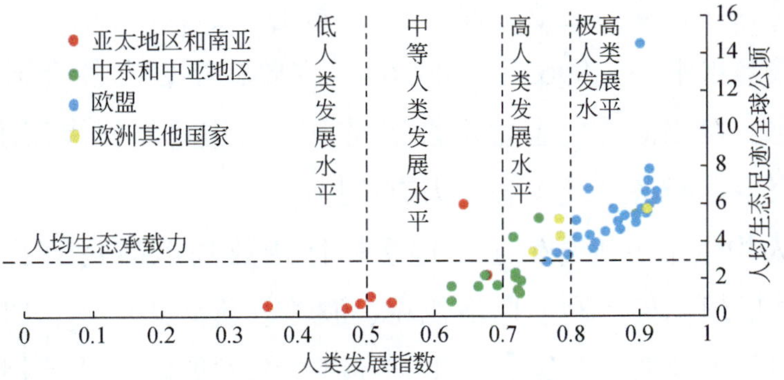

图 5-10 1991～2012 年“丝绸之路经济带”人均生态足迹与人类发展指数散点分布图

亚太地区和南亚：包括中国、蒙古国、缅甸、阿富汗、印度、孟加拉国和巴基斯坦等，除阿富汗（HDI＝0.35）为“丝绸之路经济带”人类发展指数最低的国家，以及孟加拉国（HDI＝0.47）与巴基斯坦（HDI＝0.49）处于低人类发展水平之外，其他各个国家均处于中等人类发展水平，且除了蒙古国的人均生态足迹高于“丝绸之路经济带”人均生态承载力均值之外，其他国家的人均生态足迹均低于“丝绸之路经济带”人均生态承载力均值，表明“丝绸之路经济带”的亚太地区和南亚国家的生态产品与生态供给在一定程度上满足了其对自然资源的需求。

中东和中亚地区：除以色列（HDI＝0.89）属于极高人类发展水平外，其他的大部分国家，包括亚美尼亚、阿塞拜疆、格鲁吉亚、伊朗、伊拉克、约旦、哈萨克斯坦、吉尔吉斯斯坦、叙利亚、塔吉克斯坦、土库曼斯坦和乌兹别克斯坦等人类发展指数集中于中等、高人类发展水平，且除以色列、哈萨克斯坦以及土库曼斯坦三国外，大部分国家的人均生态足迹均处于“丝绸之路经济带”人均生态承载力均值之内。

欧盟及欧洲其他国家：均处于或超过中等人类发展水平。其中俄罗斯、白俄罗斯、克罗地亚、乌克兰以及罗马尼亚、保加利亚处于高人类发展水平，其他大多数国家均处于极高人类发展水平，且欧盟及欧洲其他国家的人均生态足迹均高出“丝绸之路经济带”人均生态承载力均值，其中卢森堡的人均生态足迹是“丝绸之路经济带”人均生态承载力均值5倍之多。

通过以上分析可知，随着“丝绸之路经济带”人均生态足迹按照亚太地区（蒙古国除外）和南亚—中东和中亚地区—欧洲其他国家—欧盟由南向北、由东向西的地理分布区逐渐增加的变化过程中，人类发展指数也同样按照亚太地区（蒙古国除外）和南亚—中东和中亚地区—欧洲其他国家—欧盟由南向北、由东向西的地理分布区由低人类发展水平提升到中等人类发展水平、高人类发展水平甚至达到极高人类发展水平，说明国家或地区的生态系统自然资源需求量与人类社会发展程度呈现出一定的正相关性。

5.2.4 “丝绸之路经济带”生态-文明系统要素分析

利用1991~2012年“丝绸之路经济带”域内50个国家的人均生态足迹与人均GDP统计数据，综合考虑生态环境与社会产值两方面要素，制作万元GDP生态足迹与人均GDP散点分布图（图5-11）和生态效率条形图（图5-12），分析社会发展与自然资源供需的关系，进而通过万元GDP生态足迹和万元GDP生态赤字（盈余）指标来表征和评估“丝绸之路经济带”沿线国家或地区人类社会与经济系统对自然资源的利用效率及两者的整合效应，为“丝绸之路经济带”综合生态文明程度做出全面综合的考量评价。

结果发现，“丝绸之路经济带”域内各国的社会发展水平、自然资源利用效率和综合生态文明可持续发展程度呈现出一定的区域分布特征。

首先，以国家尺度为研究对象对“丝绸之路经济带”域内国家的GDP和万元GDP生态足迹，即资源利用效率进行汇总分析，结果显示域内各国资源利用效率呈现出一定的地理分布特征（图5-11）。

亚太地区和南亚：亚太地区和南亚国家的整体生产能力与社会发展水平，除中国相对较高以外，总体处于相对较低的水平，万元GDP生态足迹也相对较高，由高到低依次为蒙古国（45.7029全球公顷/万美元）、缅甸（34.2690全球公顷/万美元）、阿富汗（23.1519全球公顷/万美元）、印度

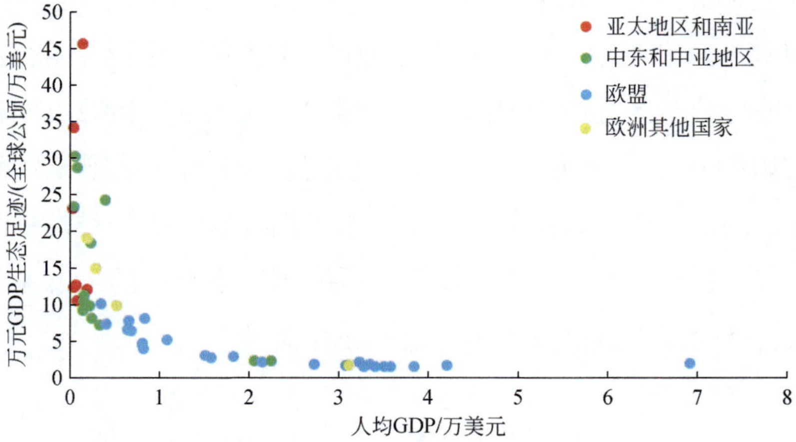

图 5-11　1991 ~2012 年“丝绸之路经济带”万元 GDP 生态足迹与人均 GDP 散点分布图

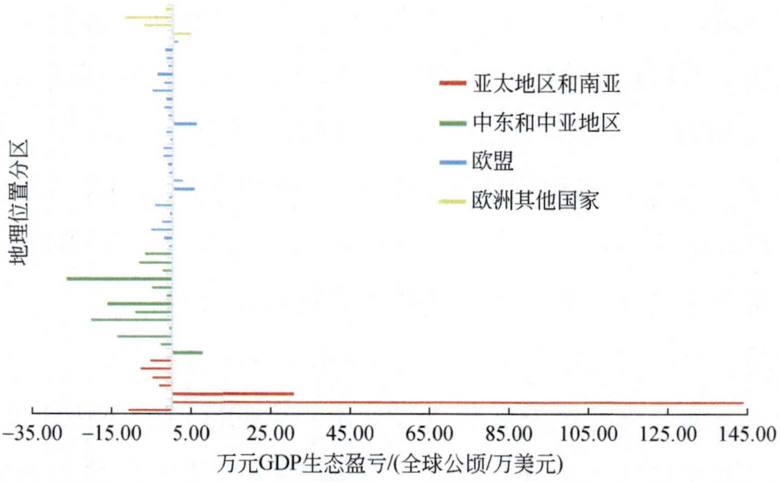

图 5-12　1991 ~2012 年“丝绸之路经济带”生态效率条形图

(12.7913 全球公顷/万美元)、孟加拉国（12.4962 全球公顷/万美元）、中国（12.0748 全球公顷/万美元）、巴基斯坦（10.6246 全球公顷/万美元），表明亚太地区和南亚的自然资源利用效率整体偏低，其中蒙古国万元 GDP 自然资源需求量最高，反映出其极低的自然资源利用效率。

中东和中亚地区：除以色列以外，整体人均 GDP 相对较低，万元 GDP 生态足迹大致可分为三种情况，其中土库曼斯坦、吉尔吉斯斯坦、塔吉克斯坦、哈萨克斯坦和乌兹别克斯坦拥有较高的万元 GDP 生态足迹，说明其自然资源利用效率处于较低水平；亚美尼亚、阿塞拜疆、叙利亚、格鲁吉亚、伊朗、伊拉克、约旦等国家具有中等程度的万元 GDP 生态足迹，说明其自然资源利用效率处于中等水平；人均 GDP 达到发达国家平均水平的以色列具有较低的万元 GDP 生态足迹，说明其自然资源利用效率处于相对较高层次。

欧盟及欧洲其他国家：各国 GDP 和社会发展水平差别大、跨度广，但相比较而言，这些国家的万元 GDP 生态足迹则相差较小。在欧盟国家中，克罗地亚、保加利亚、捷克、爱沙尼亚、匈牙利、拉脱维亚、立陶宛、波兰、罗马尼亚和斯洛伐克等少数国家拥有较低的万元 GDP 生态足迹，社会发展和自然资源利用效率处于相对较低水平；卢森堡、奥地利、塞浦路斯、丹麦、法国、德国、意大利、西班牙、荷兰与瑞典等大多数国家拥有更低的万元 GDP 生态足迹，说明其自然资源利用效率相对较高，其中卢森堡的社会发展能力最强。而欧洲其他国家的自然资源利用效率和国内社会发展均相差较大，自然资源利用效率由高到低依次为英国（1.8677 全球公顷/万美元）、俄罗斯（9.9417 全球公顷/万美元）、白俄罗斯（15.0561 全球公顷/万美元）、乌克兰（19.2123 全球公顷/万美元），社会生态效率依次减小。

通过以上分析可知，不同地理分布区的人均 GDP 差别较大，亚太地区和南亚约为 0.0812 万美元、中东和中亚地区约为 0.3398 万美元、欧洲其他国家约为 1.0317 万美元、欧盟约为 2.2030 万美元；万元 GDP 生态足迹，亚太地区和南亚约为 21.5872 全球公顷/万美元、中东和中亚地区约为 15.0244 全球公顷/万美元、欧盟约为 3.8944 全球公顷/万美元、欧洲其他国家约为 11.5195 全球公顷/万美元。由此可以看出，各国的人均 GDP 按照亚太地区（蒙古国除外）和南亚—中东和中亚地区—欧洲其他国家—欧盟由南向北、由东向西的地理分布区，呈现出逐渐增加的变化过程，万元 GDP 生态足迹按照亚太地区（蒙古国除外）和南亚—中东和中亚地区—欧洲其他国家—欧盟由南向北、由东向西的地理分布区呈现出逐渐降低的趋势，说明“丝绸之路经济带”国家或地区的自然资源利用效率由南向北、由东向西逐渐提高。

其次，为了进一步比较“丝绸之路经济带”不同地理分布区的综合生态文明程度是否处于可持续发展状态，有必要对不同国家或地区万元 GDP 生态盈亏的情况加以分析。由图 5-12 可以看出，不同国家的万元 GDP 生态盈亏或综合生态文明程度可持续发展状况也整体呈现出一定的区域差异和地理分布特征。

亚太地区和南亚：各个国家的万元 GDP 生态盈亏或综合生态文明可持续发展状况大体上可以分为两类情况，一类是中国（-10.8377 全球公顷/万美元）、印度（-7.7926 全球公顷/万美元）、巴基斯坦（-5.4009 全球公顷/万美元）、孟加拉国（-4.9202 全球公顷/万美元），均表现为万元 GDP 生态赤字，表明这些国家在现有生产技术条件和水平下属于不可持续发展的状态。阿富汗万元 GDP 生态赤字相对较小（-3.2386 全球公顷/万美元），属于轻度不可持续发展水平。另一类是蒙古国（144.0423 全球公顷/万美元）、缅甸（30.8445 全球公顷/万美元），均表现为万元 GDP 生态盈余，说明在现有的生产技术条件和水平下属于可持续发展状态，但这种可持续发展状态又有明显差别，蒙古国的人均生态承载力是人均生态足迹的 2.96 倍，人均生态盈余较大但人均 GDP 较小，所以其综合生态文明可持续发展水平较低，但具有较强的发展潜力；而缅甸经济社会发展条件相对较弱，且人均生态盈余也相对较小，所以其可持续发展状态相对于自身来讲已经处于一个相对较高的水平，但同时其综合生态文明可持续发展潜力也相对弱一些。

中东和中亚地区：各个国家的万元 GDP 生态盈亏或综合生态文明可持续发展状况大体可分为两类情况，一类是亚美尼亚、阿塞拜疆、伊拉克、约旦、叙利亚、塔吉克斯坦、哈萨克斯坦和乌兹别克斯坦等国家万元 GDP 生态赤字相对较大，属于较为严重的不可持续发展水平；另一类是格鲁吉亚、伊朗、以色列、吉尔吉斯斯坦、土库曼斯坦等国家万元 GDP 生态赤字相对较小，属于轻度不可持续发展水平，且具有较低的综合生态文明可持续发展潜力。

欧盟：各个国家的万元GDP生态盈亏或综合生态文明可持续发展状况基本可以分为两类情况，一类是爱沙尼亚、芬兰、拉脱维亚、瑞典等国家，均表现为万元GDP生态盈余，处于可持续发展状态，但爱沙尼亚、拉脱维亚和瑞典3个国家的人均生态盈余相对较小，而芬兰的人均生态承载力却超出人均生态足迹的2.08倍之多，表明芬兰的可持续发展程度相对较低；另一类是除以上4个国家之外的其他国家，虽然均表现为万元GDP生态赤字，但万元GDP生态赤字相对较小，说明欧盟大多数国家处于轻度的综合生态文明不可持续发展水平。

欧洲其他国家：除俄罗斯之外，整体表现为万元GDP生态赤字，由低到高依次为俄罗斯（4.9022全球公顷/万美元）、英国（-1.5318全球公顷/万美元）、白俄罗斯（-7.0461全球公顷/万美元）、乌克兰（-12.0053全球公顷/万美元），表明除俄罗斯处于可持续发展状态以外，其他国家则均处于不同程度的综合生态文明不可持续发展状态。

通过以上分析可知，"丝绸之路经济带"不同地理分布区的万元GDP生态赤字均值分别为亚太地区和南亚（20.3853全球公顷/万美元）、中东和中亚地区(-8.1623全球公顷/万美元)、欧盟（-1.1715全球公顷/万美元）、欧洲其他地区（-3.9203全球公顷/万美元），其中亚太地区和南亚受缅甸与蒙古国较大的人均生态盈余影响，整体呈现出高度万元GDP生态盈余，然而消除极端值影响因素之后则表现为万元GDP生态赤字状态（-6.4380全球公顷/万美元）。由此可以看出，万元GDP生态盈亏绝对值按照亚太地区（蒙古国除外）和南亚—中东和中亚地区—欧洲其他国家—欧盟由南向北、由东向西的地理分布区呈现出逐渐降低的趋势，说明"丝绸之路经济带"国家或地区的可持续发展程度按照低等可持续极低效发展—重度不可持续低效发展—中度不可持续中效发展—轻度不可持续高效发展由南向北、由东向西的地理分布区呈现出逐渐提高的趋势。

5.3 “丝绸之路经济带”生态足迹模型结构组分的生态盈亏分析

通过生态–环境系统、生态–经济系统、生态–社会系统、生态–文明系统等多个视角，对“丝绸之路经济带”的可持续发展现状进行全方位分析，可知“丝绸之路经济带”人均生态足迹、人均生态承载力、生态经济系统发展能力、人类发展指数与生态效率等均呈现出比较明显的亚太地区（蒙古国除外）和南亚—中东和中亚地区—欧洲其他国家—欧盟由南向北、由东向西阶梯状逐渐增加的分布特征，其成因归根结底取决于亚欧非大陆上不同自然资源利用类型的不均匀分布，即六种不同类型的生物生产性土地面积差异，而产生相同资源在某一地区的资源富余乃至浪费，而在另一地区匮乏的普遍现象。

因此，为了实现“丝绸之路经济带”不同自然资源利用流动配置与合理利用的最大化，以下从六种生物生产性土地利用类型出发，利用人均生态盈亏量与生态盈亏总量两大生态指标，对 1991～2012 年“丝绸之路经济带”域内 50 个国家进行聚类分析，以期获悉与挖掘不同国土所承载的不同资源利用类型的容量大小、互补潜能以及流动配置，通过合理化、最优化利用，缓解“丝绸之路经济带”域内的生态赤字，提高“丝绸之路经济带”的可持续发展能力。

5.3.1 农业资源土地利用类型的生态盈亏及流动分析

运用 IBM SPSS Statistics 25 统计软件，通过普遍用于有关地理事物分类问题定量研究的 K-均值聚类分析法，采用农业资源土地利用类型的人均生态盈亏量与生态盈亏总量两个变量作为参考系，将“丝绸之路经济带”域内 50 个国家目标个案进行科学合理的聚类，以便对目标个案间农业资源土地利用类型的相似性进行评价，从而进一步研究其存在的共性和差异性。

基本思路是：随机选取初始聚类中心，计算样本与中心之间的距离，将样本并入距离最近的中心所属的类别中。将每一类数据的均值作为新的聚类中心，多次迭代直至聚类中心不再改变。

在并类距离为5的前提下，聚类结果显示可以将“丝绸之路经济带”域内50个国家分成八类。

第一类：以色列、塞浦路斯、葡萄牙、荷兰与比利时。

第二类：约旦、斯洛文尼亚、卢森堡、爱尔兰、亚美尼亚与格鲁吉亚。

第三类：意大利、西班牙、英国与伊朗。

第四类：中国。

第五类：阿塞拜疆、伊拉克、奥地利、希腊、塔吉克斯坦、克罗地亚、瑞典、俄罗斯、蒙古国、叙利亚、阿富汗、吉尔吉斯斯坦、白俄罗斯、孟加拉国、德国、巴基斯坦、土库曼斯坦、印度、乌兹别克斯坦、芬兰、罗马尼亚、波兰、缅甸、斯洛伐克、拉脱维亚、爱沙尼亚与捷克。

第六类：保加利亚、乌克兰、立陶宛、匈牙利与哈萨克斯坦。

第七类：法国。

第八类：丹麦。

根据以上“丝绸之路经济带”域内50个国家农业资源土地利用类型的聚类结果，对农业资源用地人均生态盈亏量与农业资源用地生态盈亏总量进行分析，发现农业资源利用表现出一定的地区差异，但在每一类别中又都具有一些各自的共性特征。由聚类分析结果可知（表5-4）。

表5-4 1991～2012年“丝绸之路经济带”农业资源土地利用类型的生态盈亏聚类分析

（单位：全球公顷）

分类结果	国家	农业人均值	人均生态盈亏状态	农业总量均值	生态总量盈亏状态
1	以色列、塞浦路斯、葡萄牙、荷兰与比利时	−0.6468	最高人均生态赤字	-5.43×10^{6}	较低生态总量赤字
2	约旦、斯洛文尼亚、卢森堡、爱尔兰、亚美尼亚与格鲁吉亚	−0.3178	较高人均生态赤字	-9.92×10^{5}	最低生态总量赤字

续表

分类结果	国家	农业人均值	人均生态盈亏状态	农业总量均值	生态总量盈亏状态
3	意大利、西班牙、英国与伊朗	−0.2327	较高人均生态赤字	-1.32×10^{7}	较高生态总量赤字
4	中国	−0.0332	最低人均生态赤字	-4.37×10^{7}	最高生态总量赤字
5	阿塞拜疆、伊拉克、奥地利、希腊、塔吉克斯坦、克罗地亚、瑞典、俄罗斯、蒙古国、叙利亚、阿富汗、吉尔吉斯斯坦、白俄罗斯、孟加拉国、德国、巴基斯坦与土库曼斯坦	−0.0664	较低人均生态赤字	-1.87×10^{6}	较低生态总量赤字
	印度、乌兹别克斯坦、芬兰、罗马尼亚、波兰、缅甸、斯洛伐克、拉脱维亚、爱沙尼亚与捷克	0.0554	最低人均生态盈余	1.22×10^{6}	最低生态总量盈余
6	保加利亚、乌克兰、立陶宛、匈牙利与哈萨克斯坦	0.3325	较低人均生态盈余	5.25×10^{6}	较高生态总量盈余
7	法国	0.4841	较高人均生态盈余	2.91×10^{7}	最高生态总量盈余
8	丹麦	1.0136	最高人均生态盈余	5.44×10^{6}	较高生态总量盈余

（1）“丝绸之路经济带”34%的国家或地区农业资源土地利用类型显示为生态盈余状态，说明小部分国家或地区农业资源生态承载力高于生态足迹，供大于求，农业生态系统处于可持续发展状态；66%的国家或地区的农业资源土地利用类型显示为生态赤字状态，说明大部分国家或地区农业资源的生态承载力低于生态足迹，供不应求，农业生态系统处于不可持续发展状态。

（2）比较特殊的是中国、丹麦和法国三个国家。其中，中国具有最低程度的农业资源人均生态赤字与最高程度的生态总量赤字，说明中国的农业资源有由亏转盈的巨大潜力，但是由于人口多、基数大，农业资源生态总量赤字较为严峻，农业生态系统压力巨大，农业问题必将是中国需要首要关注和解决的问题；丹麦与法国分别拥有最高的农业资源用地的人均生态盈余与生态总量盈余。

（3）总体而言，“丝绸之路经济带”54%的国家或者地区表现为较低或最低农业资源生态盈余或生态赤字。基本可以分为两类情况：①阿塞拜疆、伊拉克、奥地利、希腊、塔吉克斯坦、克罗地亚、瑞典、俄罗斯、蒙古国、叙利亚、阿富汗、吉尔吉斯斯坦、白俄罗斯、孟加拉国、德国、巴基斯坦与土库曼斯坦 17 个国家为较低人均生态赤字和较低生态总量赤字；②印度、乌兹别克斯坦、芬兰、罗马尼亚、波兰、缅甸、斯洛伐克、拉脱维亚、爱沙尼亚与捷克 10 个国家为最低人均生态盈余和最低生态总量盈余。说明“丝绸之路经济带”一半以上的国家或地区农业资源的生态承载力与生态足迹大体相当，基本属于供求平衡状态，也奠定了“丝绸之路经济带”农业生态系统可持续发展的巨大潜力和基本面。

为解决上述“丝绸之路经济带”大部分国家或地区出现的农业资源土地利用类型生态亏损的问题，根据 5.1 节“丝绸之路经济带”生态足迹模型的时间序列动态演变的分析结论，即促进域内资源流动（如市场或者相关激励引导手段）以及提高域内资源利用效率（如科技创新与共享，资金、教育资源互补等机制建立和政策措施），是提升域内各国家或地区生态承载力，削减生态赤字的有效措施，我们以农业资源生态盈余的国家或地区作为辐射点，以周边农业资源生态亏损的国家或地区作为辐射区域范围，以亚欧大陆桥为物流基础依托，以经济合作走廊为物流上层依托，通过一层层小范围的、局域的辐射延伸，形成“丝绸之路经济带”经济高效的农业资源流动配置路径（图 5-13）。这里还涉及两个概念层面的考虑：资源流动配置是以国家或地区为单位的资源总量平衡，人均生态盈亏量代表的只是某一国家或地区潜在的资源流动的可能性，而生态盈亏总量则代表的是某一国家或地区潜在的资源流动供需能力的大小。因此，我们选择代表农业资源生态盈亏总量的八个类别，绘制了农业资源土地利用类型的辐射流动图（图 5-13）。

由图 5-13 可知，“丝绸之路经济带”域内可形成四个农业资源的潜在辐射流动区。

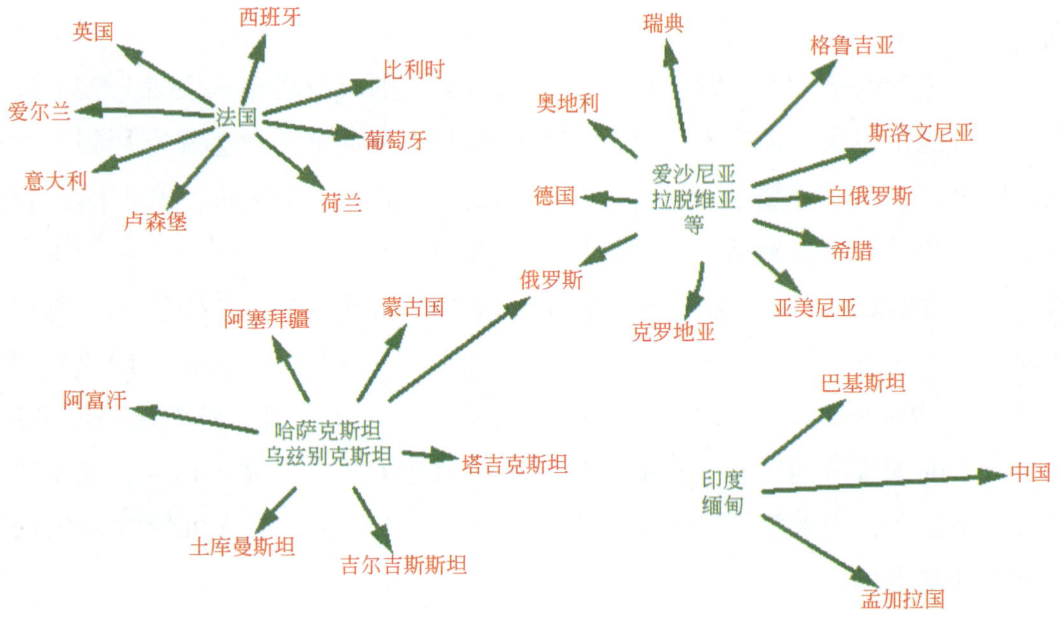

图 5-13 "丝绸之路经济带"农业资源土地利用类型的辐射流动图

（1）以法国为核心的西欧辐射流动区：属于第七类的法国，具有较高的农业资源人均生态盈余与最高生态总量盈余，说明其具有较高的资源流动总量与较高的潜在流动能力，当地的农业生产除了可以满足其人口的农业资源需求量与使用量外，还可以作为农业资源输送国向比利时、葡萄牙、荷兰、西班牙、英国、爱尔兰、意大利、卢森堡等农业资源较大亏损的周边国家进行资源辐射流动。

（2）以爱沙尼亚、拉脱维亚、斯洛伐克、捷克、罗马尼亚、立陶宛、匈牙利、保加利亚、乌克兰、芬兰、波兰、丹麦为核心的辐射流动区：该区域的农业资源输送国呈现出高、中、低三种程度的生态盈余，周边国家，如瑞典、奥地利、德国、斯洛文尼亚、克罗地亚、亚美尼亚、希腊、白俄罗斯、俄罗斯、格鲁吉亚等大部分呈现出较低的人均生态亏损和生态总量亏损。

（3）以哈萨克斯坦与乌兹别克斯坦为核心的辐射流动区：该区域能以哈萨克斯坦与乌兹别克斯坦为资源输送国，以吉尔吉斯斯坦、塔吉克斯坦、土库曼斯坦、阿富汗、俄罗斯、蒙古国、阿塞拜疆等为资源接收国。

（4）以印度与缅甸为核心的辐射流动区：该区域以印度、缅甸为资源输送国，可向巴基斯坦、中国与孟加拉国进行农业资源输送。其中中国具有最低人均生态亏损与最高生态总量亏损，代表其自然资源需求量较大，但迫切度相对较低。

通过以上构建，如果我们把每个国家或地区的农业资源最终可流动总量和潜在可流动量均以各自的人均资源生态盈亏与生态盈亏总量为基准（详见附录1和附录2），以贯通亚欧非三大洲的三条亚欧大陆桥为承载，形成以中国–中南半岛经济合作走廊为带动，远近距离结合的“丝绸之路经济带”农业资源流动配置格局，通过域内农业资源的合理流动和资源利用效率的有效提升，达到减少或缓解“丝绸之路经济带”部分国家或地区农业资源土地利用的生态赤字和生态压力，进而改善“丝绸之路经济带”农业生产可持续发展的目的。

5.3.2 草业资源土地利用类型的生态盈亏及流动分析

运用IBM SPSS Statistics 25统计软件，通过普遍用于有关地理事物分类问题定量研究的K-均值聚类分析法，采用草业资源土地利用类型的人均生态盈亏量与生态盈亏总量两个变量作为参考系，将“丝绸之路经济带”域内50个国家目标个案进行科学合理的聚类，以便对目标个案间草业资源土地利用类型的相似性进行评价，从而进一步研究其存在的共性和差异性。

基本聚类分析思路同5.3.1节。聚类结果显示可以将“丝绸之路经济带”域内50个国家分成八类。

第一类：比利时、卢森堡、荷兰与丹麦。

第二类：意大利、中国。

第三类：希腊、以色列、葡萄牙、英国、法国、捷克、约旦、芬兰、德国、塞浦路斯、保加利亚、斯洛文尼亚、奥地利、西班牙与印度。

第四类：爱沙尼亚、立陶宛、阿塞拜疆、斯洛伐克、伊朗、伊拉克、巴基斯坦、缅甸、孟加拉国、波兰、叙利亚、罗马尼亚、匈牙利、克罗地亚、亚美尼亚、塔吉克斯坦、乌克兰、白俄罗斯、阿富汗、瑞典、格鲁吉亚、乌兹别克斯坦、拉脱维亚、爱尔兰与吉尔吉斯斯坦。

第五类：俄罗斯。

第六类：土库曼斯坦。

第七类：哈萨克斯坦。

第八类：蒙古国。

根据以上“丝绸之路经济带”域内50个国家草业资源土地利用类型的聚类结果，对草业资源用地人均生态盈亏量与草业资源用地生态盈亏总量进行分析，发现草业资源利用同样表现出一定的地区差异，但在每一类别中又都具有一些各自的共性特征。由聚类分析结果可知（表5-5）。

表5-5　1991～2012年“丝绸之路经济带”草业资源土地利用类型的生态盈亏聚类分析

（单位：全球公顷）

分类结果	国家	草业人均值	人均生态盈亏状态	草业总量均值	生态总量盈亏状态
1	比利时、卢森堡、荷兰与丹麦	-0.4530	最高人均生态赤字	-3.58×10^{6}	较高生态总量赤字
2	意大利、中国	-0.2196	较高人均生态赤字（意大利）、较低人均生态赤字（中国）	-2.30×10^{7}	最高生态总量赤字
3	希腊、以色列、葡萄牙、英国、法国、捷克、约旦、芬兰、德国、塞浦路斯、保加利亚、斯洛文尼亚、奥地利、西班牙与印度	-0.1317	较低人均生态赤字	-3.23×10^{6}	较低生态总量赤字
4	爱沙尼亚、立陶宛、阿塞拜疆、斯洛伐克、伊朗、伊拉克、巴基斯坦、缅甸与孟加拉国	-0.0157	最低人均生态赤字	-3.21×10^{5}	最低生态总量赤字

续表

分类结果	国家	草业人均值	人均生态盈亏状态	草业总量均值	生态总量盈亏状态
4	波兰、叙利亚、罗马尼亚、匈牙利、克罗地亚、亚美尼亚、塔吉克斯坦、乌克兰、白俄罗斯、阿富汗、瑞典、格鲁吉亚、乌兹别克斯坦、拉脱维亚、爱尔兰与吉尔吉斯斯坦	0.1058	最低人均生态盈余	9.21×10^5	最低生态总量盈余
5	俄罗斯	0.2086	较低人均生态盈余	3.04×10^7	最高生态总量盈余
6	土库曼斯坦	1.5050	较高人均生态盈余	7.25×10^6	较低生态总量盈余
7	哈萨克斯坦	1.8126	较高人均生态盈余	2.85×10^7	较高生态总量盈余
8	蒙古国	6.4863	最高人均生态盈余	1.66×10^7	较高生态总量盈余

（1）“丝绸之路经济带”40%的国家或地区草业资源土地利用类型显示为生态盈余状态，说明小部分国家或地区草业资源的生态承载力高于生态足迹，供大于求，草业生态系统处于可持续发展状态；60%的国家或地区显示为生态赤字状态，说明大部分国家或地区草业资源的生态承载力低于生态足迹，供不应求，草业生态系统处于不可持续发展状态。

（2）比较特殊的是意大利、中国、俄罗斯、哈萨克斯坦和蒙古国五个国家。其中，意大利与中国具有相似的较为严重程度的草业资源生态总量赤字，区别在于两国人口数量差距悬殊，导致两国的人均生态赤字相差较大。同样地，俄罗斯、哈萨克斯坦与蒙古国具有较为相似的较高程度的草业资源生态总量盈余和相差悬殊的人均生态盈余，其中俄罗斯人均生态盈余较低，但生态总量盈余最高；蒙古国人均生态盈余最高，但生态总量盈余较高；哈萨克斯坦人均生态盈余和生态总量盈余都相对较高。

（3）总体而言，“丝绸之路经济带”80%的国家或地区均显示为较低或最低程度的草业资源生态盈余或生态赤字。基本可以分为两类情况：①希腊、以色列、葡萄牙、英国、法国、捷克、约旦、芬兰、德国、塞浦路斯、保加利亚、斯洛文尼亚、奥地利、西班牙、印度、爱沙尼亚、立陶宛、阿塞拜疆、斯洛伐克、伊朗、伊拉克、巴基斯坦、缅甸与孟加拉国24个国家或地区，属于较低或最低人均生态赤字和较低或最低生态总量赤字；②波兰、叙利亚、罗马尼亚、匈牙利、克罗地亚、亚美尼亚、塔吉克斯坦、乌克兰、白俄罗斯、阿富汗、瑞典、格鲁吉亚、乌兹别克斯坦、拉脱维亚、爱尔兰与吉尔吉斯斯坦16个国家或地区，属于最低人均生态盈余和最低生态总量盈余。说明80%以上的“丝绸之路经济带”国家或地区草业资源生态承载力与生态足迹大体相当，基本属于供求平衡状态，同样奠定了“丝绸之路经济带”草业生态系统可持续发展的巨大潜力和基本面。

为解决上述“丝绸之路经济带”大部分国家或地区出现的草业资源土地利用类型生态亏损的问题，根据5.1节“丝绸之路经济带”生态足迹模型的时间序列动态演变的分析结论，即通过促进域内资源流动以及提高域内资源利用效率，是提升域内各国家或地区生态承载力，削减生态赤字的有效措施，我们以草业资源生态盈余的国家或地区作为辐射点，以周边草业资源生态亏损的国家或地区作为辐射区域范围，利用草业资源生态盈亏总量的八个类别，以亚欧大陆桥为物流基础依托，以经济合作走廊为物流上层依托，通过一层层小范围的、局域的辐射延伸，形成“丝绸之路经济带”经济高效的草业资源流动配置的路径，以期获得能够提高域内草业资源利用效率和缓解域内草业生态赤字现象。

“丝绸之路经济带”域内俄罗斯、蒙古国、中亚五国以及乌克兰、波兰、罗马尼亚、白俄罗斯等生态盈余国家，地大物博、国土接壤，因此以这些草业资源生态盈余国家或地区作为草业资源流动辐射圆点，根据其辐射能力大小，可以形成一个几乎能够囊括“丝绸之路经济带”草业资源生态赤字国家或地区在内的、广大的辐射流动区。

（1）蒙古国具有最高草业资源人均生态盈余与较高生态总量盈余，说明其具有较高的草业资源供给量与较高的潜在供给能力；相对蒙古国而言，俄罗斯则具有较高的草业资源供给量与较低的潜在供给能力。

（2）中国具有较低的草业资源人均生态赤字与最高生态总量赤字，说明其草业资源需求量较大，但其需求的迫切程度较低；相对中国而言，意大利的草业资源需求量与迫切程度均较高。

通过以上构建，如果我们把每个国家或地区的草业资源最终可流动总量和潜在可流动量均以各自的人均资源生态盈亏与生态盈亏总量为基准（详见附录1和附录2），以贯通亚欧非三大洲的三条亚欧大陆桥为承载，形成以中国–中南半岛经济合作走廊为带动远近距离结合的“丝绸之路经济带”草业资源流动配置格局，通过域内草业资源的合理流动和资源利用效率的有效提升，达到减少或缓解“丝绸之路经济带”部分国家或地区草业资源土地利用的生态赤字和生态压力，进而改善“丝绸之路经济带”草业生产可持续发展的目的。

5.3.3 林业资源土地利用类型的生态盈亏及流动分析

运用IBM SPSS Statistics 25统计软件，通过普遍用于有关地理事物分类问题定量研究的K-均值聚类分析法，采用林业资源土地利用类型的人均生态盈亏量与生态盈亏总量两个变量作为参考系，将“丝绸之路经济带”域内50个国家目标个案进行科学合理的聚类，以便对目标个案间林业资源土地利用类型的相似性进行评价，从而进一步研究其存在的共性和差异性。

基本聚类分析思路同5.3.1节。聚类结果显示可以将“丝绸之路经济带”域内50个国家分成八类。

第一类：印度。

第二类：丹麦、英国、荷兰、比利时、以色列、塞浦路斯、意大利、卢森堡、约旦、希腊、爱尔兰、孟加拉国、巴基斯坦、阿富汗、西班牙、塔吉克斯坦、叙利亚、土库曼斯坦、亚美尼亚、伊拉克、吉尔吉斯斯坦、乌兹别克斯坦、中国、伊朗、阿塞拜疆、哈萨克斯坦、德国、波兰、匈牙利、乌克兰、法国与缅甸。

第三类：格鲁吉亚、捷克、葡萄牙、罗马尼亚、保加利亚、克罗地亚、立陶宛、白俄罗斯、斯洛伐克与斯洛文尼亚。

第四类：奥地利、拉脱维亚与爱沙尼亚。

第五类：俄罗斯。

第六类：蒙古国。

第七类：瑞典。

第八类：芬兰。

根据以上“丝绸之路经济带”域内50个国家林业资源土地利用类型的聚类结果，对林业资源用地人均生态盈亏量与林业资源用地生态盈亏总量进行分析，发现林业资源利用也表现出一定的地区差异，但在每一类别中又都具有一些各自的共性特征。由聚类分析结果可知（表5-6）。

表5-6 1991～2012年“丝绸之路经济带”林业资源土地利用类型的生态盈亏聚类分析

（单位：全球公顷）

分类结果	国家	林业人均值	人均生态盈亏状态	林业总量均值	生态总量盈亏状态
1	印度	-0.1155	较低人均生态赤字	-1.24×10^{8}	最高生态总量赤字
2	丹麦、英国、荷兰、比利时、以色列、塞浦路斯、意大利、卢森堡、约旦、希腊、爱尔兰、孟加拉国、巴基斯坦、阿富汗、西班牙、塔吉克斯坦与叙利亚	-0.2083	较低人均生态赤字	-4.68×10^{6}	较低生态总量赤字
	土库曼斯坦、亚美尼亚、伊拉克、吉尔吉斯斯坦、乌兹别克斯坦、中国、伊朗、阿塞拜疆、哈萨克斯坦、德国、波兰、匈牙利、乌克兰、法国与缅甸	0.1437	最低人均生态盈余	1.02×10^{7}	较高生态总量盈余

续表

分类结果	国家	林业人均值	人均生态盈亏状态	林业总量均值	生态总量盈亏状态
3	格鲁吉亚、捷克、葡萄牙、罗马尼亚、保加利亚、克罗地亚、立陶宛、白俄罗斯、斯洛伐克与斯洛文尼亚	0.9168	较低人均生态盈余	6.68×10^{6}	较低生态总量盈余
4	奥地利、拉脱维亚与爱沙尼亚	2.0183	较低人均生态盈余	7.05×10^{6}	较低生态总量盈余
5	俄罗斯	3.8183	较高人均生态盈余	5.56×10^{8}	最高生态总量盈余
6	蒙古国	4.0100	较高人均生态盈余	1.06×10^{7}	较高生态总量盈余
7	瑞典	5.8232	较高人均生态盈余	5.23×10^{7}	较高生态总量盈余
8	芬兰	7.7875	最高人均生态盈余	4.12×10^{7}	较高生态总量盈余

（1）“丝绸之路经济带”64%的国家或地区林业资源土地利用类型显示为生态盈余的状态，说明大部分国家或地区林业资源的生态承载力高于生态足迹，供大于求，林业生态系统处于可持续发展状态；36%的国家或地区林业资源土地利用类型显示为生态亏损状态，说明小部分国家或地区林业资源的生态承载力低于生态足迹，供不应求，林业生态系统处于不可持续发展状态。

（2）比较特殊的是印度、俄罗斯、芬兰、蒙古国和瑞典五个国家，其中，印度具有最高林业资源生态总量赤字与较低人均生态赤字，处于不可持续的发展状态；芬兰与俄罗斯分别是林业资源最高人均生态盈余与最高生态总量盈余的国家，处于较高的可持续发展状态；蒙古国是林业资源较高人均生态盈余与较高生态总量盈余的国家，瑞典具有较高人均生态盈余和较高生态总量盈余，两国处于相对可持续发展状态。

（3）总体而言，“丝绸之路经济带”60%的国家或地区显示为较低程度的林业资源生态盈余或生态赤字。基本可以分为两类情况：①丹麦、英国、荷兰、比利时、以色列、塞浦路斯、意大利、卢森堡、约旦、希腊、爱尔兰、孟加拉国、巴基斯坦、阿富汗、西班牙、塔吉克斯坦与叙利亚 17 个国家或地区拥有较低林业资源人均生态赤字和较低生态总量赤字；②格鲁吉亚、捷克、葡萄牙、罗马尼亚、保加利亚、克罗地亚、立陶宛、白俄罗斯、斯洛伐克、斯洛文尼亚、奥地利、拉脱维亚与爱沙尼亚13个国家或地区拥有较低林业资源人均生态盈余和较低生态总量盈余。结合约64%的“丝绸之路经济带”国家或地区林业资源处于人均生态盈余和生态总量盈余状态的实际，进一步说明“丝绸之路经济带”林业生态系统可持续发展具有很好的基本面和较小的压力。

为解决上述“丝绸之路经济带”小部分国家或地区出现的林业资源土地利用类型生态赤字的问题，根据5.1节“丝绸之路经济带”生态足迹模型的时间序列动态演变的分析结论，即促进域内资源流动以及提高域内资源利用效率，是提升域内各国家或地区生态承载力，削减生态赤字的有效措施，我们以林业资源生态盈余的国家或地区作为辐射点，以周边林业资源生态亏损的国家或地区作为辐射区域范围，利用林业资源生态盈亏总量的八个类别，以亚欧大陆桥为物流基础依托，以经济合作走廊为物流上层依托，通过一层层小范围、局域的辐射延伸，形成“丝绸之路经济带”经济高效的林业资源流动配置路径（图5-14），从而提高资源利用效率，以缓解生态赤字现象。

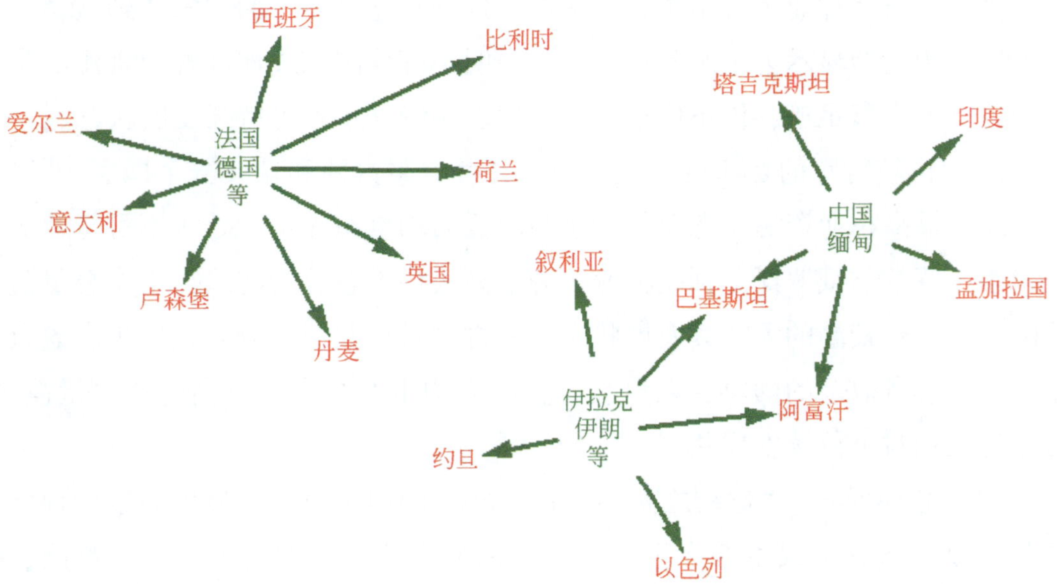

图5-14 “丝绸之路经济带”林业资源土地利用类型的辐射流动图

由图5-14可知，“丝绸之路经济带”域内可形成一大三小共四个林业资源的辐射流动区。

（1）以所有林业资源生态盈余国家或地区为核心的大辐射流动区：“丝绸之路经济带”的林业资源较为丰富，64%的国家或地区属于林业资源生态盈余，基本占据亚欧非三大洲90%以上的地理分布区，其中更是存在以俄罗斯、蒙古国、瑞典与芬兰等为代表的林业供给总量与潜在供给能力都很高或较高的国家，可以作为主要的资源输送国，惠益几乎所有域内林业资源生态亏损国。

（2）以法国、德国、奥地利、斯洛文尼亚、克罗地亚、葡萄牙、瑞典、捷克为核心的辐射流动区：这些国家或地区可作为林业资源输送国，向西班牙、爱尔兰、意大利、卢森堡等林业资源生态轻度亏损的国家或地区进行小规模的资源辐射流动，向比利时、荷兰、英国与丹麦等林业资源生态相对高度亏损的国家或地区进行大规模的资源辐射流动，其中以人均林业资源生态严重亏损的丹麦对林业资源需求的迫切度最高。

（3）以伊拉克、伊朗、格鲁吉亚、阿塞拜疆为核心的辐射流动区：这些国家或地区可作为林业资源输送国，由于大部分人均盈余与总量盈余程度都较低，其区域林业资源流动供给总量与潜在流动供给量也较低，可作为补充适度向叙利亚、约旦、以色列、阿富汗与巴基斯坦等林业资源接收国流动。

（4）以中国、缅甸为核心的辐射流动区：作为中低程度的潜在资源输送国，可以适度向塔吉克斯坦、阿富汗、巴基斯坦、印度与孟加拉国等资源接收国流动，其中印度的林业资源需求总量与资源需求的迫切度均较高。

通过以上构建，如果我们把每个国家或地区的林业资源最终可流动总量和潜在可流动量均以各自的人均资源生态盈亏与生态盈亏总量为基准（详见附录1和附录2），以贯通亚欧非三大洲的三条亚欧大陆桥为承载，形成以中国–中南半岛经济合作走廊为带动，远近距离结合的“丝绸之路经济带”林业资源流动配置格局，通过域内林业资源的合理流动和资源利用效率的有效提升，达到减少或缓解“丝绸之路经济带”部分国家或地区林业资源土地利用的生态赤字和生态压力，进而改善“丝绸之路经济带”林业生产可持续发展的目的。

5.3.4 渔业资源水域利用类型的生态盈亏及流动分析

运用IBM SPSS Statistics 25统计软件，通过普遍用于有关地理事物分类问题定量研究的K-均值聚类分析法，采用渔业资源水域利用类型的人均生态盈亏量与生态盈亏总量两个变量作为参考系，将“丝绸之路经济带”域内50个国家目标个案进行科学合理的聚类，以便对目标个案间渔业资源水域利用类型的相似性进行评价，从而进一步研究其存在的共性和差异性。

基本聚类分析思路同5.3.1节。聚类结果显示可以将“丝绸之路经济带”域内50个国家分成八类。

第一类：中国。

第二类：西班牙、葡萄牙、塞浦路斯、卢森堡、法国、比利时、以色列、意大利、奥地利、白俄罗斯、斯洛文尼亚、斯洛伐克、捷克、约旦、格鲁吉亚、匈牙利、叙利亚、伊拉克、阿富汗、塔吉克斯坦、亚美尼亚、德国与阿塞拜疆。

第三类：印度、巴基斯坦、乌兹别克斯坦、吉尔吉斯斯坦、立陶宛、孟加拉国、波兰、罗马尼亚、希腊、伊朗、蒙古国、乌克兰、保加利亚、哈萨克斯坦、英国、克罗地亚、缅甸、土库曼斯坦与荷兰。

第四类：俄罗斯。

第五类：丹麦。

第六类：芬兰、爱尔兰与拉脱维亚。

第七类：瑞典。

第八类：爱沙尼亚。

根据以上“丝绸之路经济带”域内50个国家渔业资源水域利用类型的聚类结果，对渔业资源水域人均生态盈亏量与渔业资源水域生态盈亏总量进行分析，发现渔业资源利用同样表现出一定的地区差异，但在每一类别中又都具有一些各自的共性特征。由聚类分析结果可知（表5-7）。

表5-7　1991~2012年"丝绸之路经济带"渔业资源水域利用类型的生态盈亏聚类分析

（单位：全球公顷）

分类结果	国家	渔业人均值	人均生态盈亏状态	渔业总量均值	生态总量盈亏状态
1	中国	-0.0232	较低人均生态赤字	-3.17×10^{7}	最高生态总量赤字
2	西班牙、葡萄牙、塞浦路斯、卢森堡、法国、比利时、以色列、意大利、奥地利、白俄罗斯、斯洛文尼亚、斯洛伐克、捷克、约旦、格鲁吉亚、匈牙利、叙利亚、伊拉克、阿富汗	-0.0752	较低人均生态赤字	-1.42×10^{6}	较低生态总量赤字
	塔吉克斯坦、亚美尼亚、德国、阿塞拜疆	0.0115	最低人均生态盈余	3.58×10^{5}	最低生态总量盈余
3	印度、巴基斯坦、乌兹别克斯坦、吉尔吉斯斯坦、立陶宛、孟加拉国、波兰、罗马尼亚、希腊、伊朗、蒙古国、乌克兰、保加利亚、哈萨克斯坦、英国、克罗地亚、缅甸、土库曼斯坦、荷兰	0.1118	较低人均生态盈余	4.18×10^{6}	较低生态总量盈余
4	俄罗斯	1.0189	较低人均生态盈余	1.48×10^{8}	最高生态总量盈余
5	丹麦	1.0295	较低人均生态盈余	5.56×10^{6}	较低生态总量盈余
6	芬兰、爱尔兰、拉脱维亚	1.4836	较低人均生态盈余	5.63×10^{6}	较低生态总量盈余
7	瑞典	2.1986	较高人均生态盈余	1.98×10^{7}	较高生态总量盈余
8	爱沙尼亚	4.0052	最高人均生态盈余	5.57×10^{6}	较低生态总量盈余

（1）“丝绸之路经济带”60%的国家或地区渔业资源水域利用类型显示为生态盈余状态，说明大部分国家或地区渔业资源的生态承载力高于生态足迹，供大于求，渔业生态系统处于可持续发展状态；40%的国家或地区渔业资源水域利用类型显示为生态赤字状态，说明小部分国家或地区渔业资源的生态承载力低于生态足迹，供不应求，渔业生态系统处于不可持续发展状态。

（2）比较特殊的是中国、爱沙尼亚和俄罗斯三个国家，其中，中国具有较低渔业资源人均生态赤字和最高生态总量赤字，这与中国的人口基础庞大、总需求量大是一致的；而爱沙尼亚与俄罗斯则分别是渔业资源人均生态盈余与生态总量盈余最高的国家。

（3）总体而言，“丝绸之路经济带”84%的国家或地区显示为最低或较低程度的渔业资源生态盈余或生态赤字。基本可以分为两种情况：①西班牙、葡萄牙、塞浦路斯、卢森堡、法国、比利时、以色列、意大利、奥地利、白俄罗斯、斯洛文尼亚、斯洛伐克、捷克、约旦、格鲁吉亚、匈牙利、叙利亚、伊拉克、阿富汗19个国家或地区属于较低人均生态赤字和较低生态总量赤字；②塔吉克斯坦、亚美尼亚、德国、阿塞拜疆、印度、巴基斯坦、乌兹别克斯坦、吉尔吉斯斯坦、立陶宛、孟加拉国、波兰、罗马尼亚、希腊、伊朗、蒙古国、乌克兰、保加利亚、哈萨克斯坦、英国、克罗地亚、缅甸、土库曼斯坦、荷兰23个国家或地区属于最低或较低人均生态盈余和最低或较低生态总量盈余。结合约60%的“丝绸之路经济带”国家或地区渔业资源处于人均生态盈余和生态总量盈余状态的实际，说明“丝绸之路经济带”渔业生态系统可持续发展具有较好的基本面和较大的发展潜力。

为解决上述“丝绸之路经济带”小部分国家或地区出现的渔业资源水域利用类型生态亏损的问题，根据5.1节“丝绸之路经济带”生态足迹模型的时间序列动态演变的分析结论，即促进域内资源流动以及提高域内资源利用效率，是提升域内各国家或地区生态承载力，削减生态赤字的有效措施，我们以渔业资源生态盈余的国家或地区作为辐射点，以周边渔业资源生态亏损的国家或地区作为潜在的辐射区域范围，利用渔业资源生态盈亏总量的八个类别，以亚欧大陆桥为物流基础依托，以经济合作走廊为物流上层依托，通过一层层小范围、局域的辐射延伸，形成“丝绸之路经济带”经济高效的渔业资源流动配置路径（图 5-15），从而提高资源利用效率，以缓解生态赤字现象。

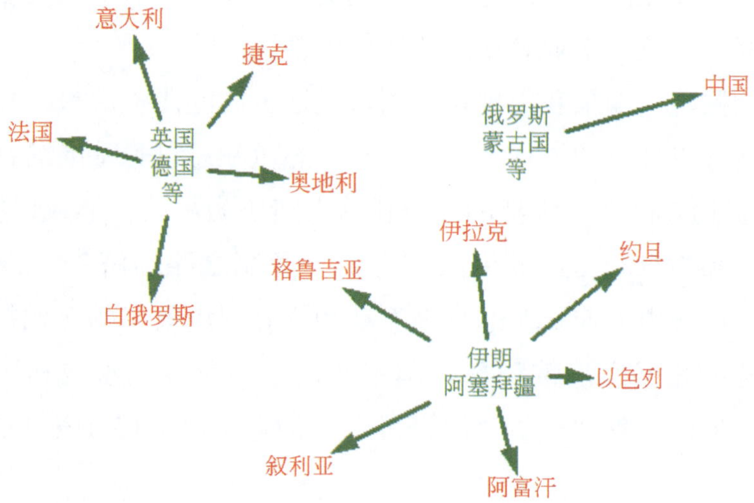

图 5-15 “丝绸之路经济带”渔业资源水域利用类型的辐射流动图

由图 5-15 可知，“丝绸之路经济带”域内可形成一大三小共四个渔业资源的潜在辐射流动区。

（1）以所有渔业资源生态盈余国家或地区为核心的大辐射流动区：“丝绸之路经济带”的渔业资源较为丰富，60% 的国家或地区属于渔业资源生态盈余国，可以形成一个几乎能够囊括“丝绸之路经济带”所有渔业资源生态亏损国家或地区在内的巨大辐射流动区，进行“丝绸之路经济带”远距离的渔业资源流动与配置。其中俄罗斯是具有最高的渔业资源生态盈余量与潜在供给量的国家，可作为主要资源输送国，而中国是渔业资源需求总量最高的国家，葡萄牙、西班牙是渔业资源需求迫切程度最高的国家。

（2）以英国、德国、波兰、乌克兰与罗马尼亚等为核心的辐射流动区：以这些国家为渔业资源输送国，以法国、意大利、捷克、奥地利、白俄罗斯等渔业资源轻度亏损的周边国家为渔业资源接收国进行辐射流动。

（3）以伊朗、阿塞拜疆为核心的辐射流动区：以这些国家为渔业资源输送国，以格鲁吉亚、叙利亚、伊拉克、约旦、以色列、阿富汗等渔业资源接收国进行辐射流动。

(4) 以俄罗斯、蒙古国、哈萨克斯坦、塔吉克斯坦、土库曼斯坦、巴基斯坦、印度、孟加拉国与缅甸等作为渔业资源输送国，以中国为主要渔业资源接收国的东亚、中亚、南亚和东南亚辐射流动区。

通过以上构建，如果我们把每个国家或地区的渔业资源最终可流动总量和潜在可流动量均以各自的人均生态盈亏与生态盈亏总量为基准（详见附录1和附录2)，以贯通亚欧非三大洲的三条亚欧大陆桥为承载，形成以中国-中南半岛经济合作走廊为带动，远近距离结合的“丝绸之路经济带”渔业资源流动配置格局，通过域内渔业资源的合理流动和资源利用效率的有效提升，达到减少或缓解“丝绸之路经济带”部分国家或地区渔业资源水域利用的生态赤字和生态压力，进而改善“丝绸之路经济带”渔业生产可持续发展的目的。

5.3.5 化石能源土地利用类型的生态盈亏及流动分析

运用 IBM SPSS Statistics 25 统计软件，通过普遍用于有关地理事物分类问题定量研究的 K-均值聚类分析法，采用化石能源土地利用类型的人均生态盈亏量与生态盈亏总量两个变量作为参考系，将“丝绸之路经济带”域内 50 个国家目标个案进行科学合理的聚类，以便对目标个案间化石能源土地利用类型的相似性进行评价，从而进一步研究其存在的共性和差异性。

基本聚类分析思路同 5.3.1 节。聚类结果显示可以将“丝绸之路经济带”域内 50 个国家分成八类：

第一类：卢森堡。

第二类：比利时、荷兰、丹麦、奥地利、捷克、以色列、爱沙尼亚、芬兰、爱尔兰、瑞典、希腊、塞浦路斯、斯洛文尼亚与哈萨克斯坦。

第三类：俄罗斯。

第四类：德国、英国、意大利、法国、西班牙与波兰。

第五类：土库曼斯坦、葡萄牙、斯洛伐克、白俄罗斯、乌克兰、匈牙利、保加利亚、立陶宛、克罗地亚、罗马尼亚、拉脱维亚、伊朗与乌兹别克斯坦。

第六类：中国。

第七类：阿塞拜疆、蒙古国、约旦、伊拉克、叙利亚、亚美尼亚、吉尔吉斯斯坦、格鲁吉亚、巴基斯坦、塔吉克斯坦、缅甸、孟加拉国与阿富汗。

第八类：印度。

根据以上“丝绸之路经济带”域内 50 个国家化石能源土地利用类型的聚类结果，对化石能源土地利用人均生态盈亏量与化石能源土地利用生态盈亏总量进行分析，发现化石能源土地利用同样表现出一定的地区差异，但在每一类别中又都具有一些各自的共性特征。由聚类分析结果可知（表 5-8）。

表 5-8　1991～2012 年“丝绸之路经济带”化石能源土地利用类型的生态盈亏聚类分析

（单位：全球公顷）

分类结果	国家	能源人均值	人均生态盈亏状态	能源总量均值	生态总量盈亏状态
1	卢森堡	−11. 5477	最高人均生态赤字	-5.31×10^{6}	最低生态总量赤字
2	比利时、荷兰、丹麦、奥地利、捷克、以色列、爱沙尼亚、芬兰、爱尔兰、瑞典、希腊、塞浦路斯、斯洛文尼亚与哈萨克斯坦	−3. 7664	较高人均生态赤字	-2.95×10^{7}	较低生态总量赤字
3	俄罗斯	−3. 4889	较高人均生态赤字	-5.08×10^{8}	较高生态总量赤字
4	德国、英国、意大利、法国、西班牙与波兰	−3. 2822	较高人均生态赤字	-1.90×10^{8}	较高生态总量赤字
5	土库曼斯坦、葡萄牙、斯洛伐克、白俄罗斯、乌克兰、匈牙利、保加利亚、立陶宛、克罗地亚、罗马尼亚、拉脱维亚、伊朗与乌兹别克斯坦	−2. 0808	较高人均生态赤字	-3.32×10^{7}	较低生态总量赤字

续表

分类结果	国家	能源人均值	人均生态盈亏状态	能源总量均值	生态总量盈亏状态
6	中国	−1. 3855	较低人均生态赤字	-1.83×10^9	最高生态总量赤字
7	阿塞拜疆、蒙古国、约旦、伊拉克、叙利亚、亚美尼亚、吉尔吉斯斯坦、格鲁吉亚、巴基斯坦、塔吉克斯坦、缅甸、孟加拉国与阿富汗	−0. 5961	较低人均生态赤字	-1.10×10^7	较低生态总量赤字
8	印度	−0. 3409	最低人均生态赤字	-3.78×10^8	较高生态总量赤字

（1）化石能源作为目前全球最主要消耗的不可再生资源和 CO_2 排放源，同时鉴于 CO_2 等温室气体排放导致全球变暖的事实，人类应该留出用于吸收 CO_2 等温室气体的化石能源土地，但事实上目前人类并未留出这类化石能源和 CO_2 消纳土地，出于生态经济研究的谨慎性考虑，在生态足迹的计算中，考虑了 CO_2 吸收所需要的化石能源土地面积（徐中民等，2000；张志强等，2001；徐中民等，2006；周涛等，2015）。实际上，目前的化石能源消耗及其排放的 CO_2 等温室气体已经超出了地球承载阈值。所以，虽然“丝绸之路经济带”域内国家拥有很高的化石能源储量，但是域内国家或地区的化石能源土地利用类型均显示为生态赤字的状态，说明域内国家或地区化石能源的生态足迹高于生态承载力，供不应求，化石能源供应系统整体处于持续的不可持续发展状态。

（2）比较特殊的是卢森堡与中国两个国家。其中，卢森堡具有最高人均生态赤字与最低生态总量赤字；中国则具有较低人均生态赤字和最高生态总量赤字，这主要受到其人口众多、化石能源需求量大的影响。

（3）不同资源的生态盈亏值在一定程度上反映了消费结构和生产结构的地区差异，通过与农业资源、草业资源、林业资源与渔业资源四种不同资源生产性土地利用类型的聚类分析结果进行对比，不难发现，农业资源、草业资源、林业资源与渔业资源的生态盈亏基本相似，而化石能源用地的生态赤字却最为一致和明显。同时，1991～2012年“丝绸之路经济带”域内大部分国家或地区处于工业化与城市化快速发展阶段，各个国家或地区化石能源需求量和CO_2排放量不断增加，致使化石能源用地成为影响生态足迹总量的重要因素，也使得化石能源消耗与CO_2排放成为影响“丝绸之路经济带”不同地理分布区人均生态赤字上涨的主要因素。

为解决上述“丝绸之路经济带”大部分国家或地区出现的化石能源土地利用类型的生态亏损的问题，根据5.1节“丝绸之路经济带”生态足迹模型的时间序列动态演变的分析结论，即促进域内资源流动及提高域内资源利用效率，是提升域内各国家或地区生态承载力，削减生态赤字的有效措施，我们以化石能源用地生态赤字相对较小的国家或地区作为辐射点，以周边化石能源用地生态赤字较为严重的国家或地区作为潜在的辐射区域范围，利用化石能源生态盈亏总量的四个类别，以亚欧大陆桥为物流基础依托，以经济合作走廊为物流上层依托，通过一层层小范围、局域的辐射延伸，形成“丝绸之路经济带”化石能源土地利用类型的流动配置路径。

“丝绸之路经济带”域内化石能源生态赤字呈现出明显的地理分布特征和潜在辐射流动平衡区。

（1）域内化石能源土地利用整体表现为生态赤字，生态赤字总量大体呈现出中亚和中东地区—欧洲其他国家—欧盟—亚太地区（蒙古国除外）和南亚逐渐增加的态势；而人均生态赤字则大体呈现出亚太地区（蒙古国除外）和南亚—中亚和中东地区—欧洲其他国家—欧盟由南向北、由东向西的阶梯状增加态势。各国化石能源需求量与CO_2排放量基本上与各国的经济发展程度呈现出正相关关系。

（2）总体来看，可以以化石能源生态赤字较小的国家或地区为能源输送国，化石能源生态赤字较大的国家或地区为能源接收国，把各国家或地区化石能源最终可流动总量和潜在可流动量，分别以各自化石能源的人均生态盈亏与生态总量盈亏为基准（详见附录1和附录2），以三条亚欧大陆桥和为经济合作走廊带动，形成一个大的“丝绸之路经济带”化石能源生态赤字辐射流动的平衡区，进行南线与中线国家或地区向北线国家或地区远近距离相结合的化石能源流动与配置。

（3）中亚和中东地区等第七类国家化石能源的生态总量赤字与人均生态赤字均相对较低，可作为能源输送国，而欧洲大部分国家（第三类和第四类）因具有较高的化石能源人均生态赤字与生态总量赤字，其能源需求量与迫切程度也较高，可作为主要能源接收国。另外，中国具有最高程度的生态总量赤字，说明其能源需求总量较大，但却拥有相对较低的人均生态赤字，说明其能源迫切度相对较低；相对而言，卢森堡的生态总量赤字最低，说明其能源需求总量较小，但其人均生态赤字最高，说明其能源需求迫切度较高。

（4）中短期内无法改变化石能源作为主要能源消费的主体地位，温室气体排放又具有全球性流通的特点，同时基于化石能源已经处于生态赤字和各国经济社会继续快速发展的实际，更易导致“丝绸之路经济带”化石能源短期内整体生态赤字大幅度改善的空间有限。所以，可以按照短期平衡与中长期改善相结合的思路来设计域内化石能源生态赤字削减的行动方案。

最切实可行的方案是：一要促使域内各国积极共担环境与发展责任，共建命运共同体，通过强化基础设施联通，促进域内的能源资源流动，平衡域内能源生态赤字；二要强化技术创新、管理创新，引进并共享域内外的先进技术，大力提高资源利用效率，缓解域内能源生态赤字；三要着眼长远、强化合作、加大投入，进行可替代新能源的合作研究和开发利用，从根本上解决化石能源土地利用类型生态赤字问题，从而实现“丝绸之路经济带”化石燃料业生产可持续发展的目的。

5.3.6 建筑工程土地利用类型的生态盈亏及流动分析

运用IBM SPSS Statistics 25统计软件，通过普遍用于有关地理事物分类问题定量研究的K-均值聚类分析法，采用建筑工程土地利用类型的人均生态盈亏量与生态盈亏总量两个变量作为参考系，将“丝绸之路经济带”域内50个国家目标个案进行科学合理的聚类，以便对目标个案间建筑工程土地利用类型的相似性进行评价，从而进一步研究其存在的共性和差异性。

基本聚类分析思路同5.3.1节。聚类结果显示可以将“丝绸之路经济带”域内50个国家分成八类。

第一类：印度。

第二类：阿富汗、蒙古国、斯洛文尼亚、伊拉克、西班牙、葡萄牙、格鲁吉亚、哈萨克斯坦、塞浦路斯、阿塞拜疆、叙利亚、克罗地亚、约旦、希腊、亚美尼亚、白俄罗斯、乌兹别克斯坦、塔吉克斯坦与以色列。

第三类：巴基斯坦、俄罗斯、孟加拉国、乌克兰、意大利、波兰、缅甸与伊朗。

第四类：中国。

第五类：拉脱维亚、吉尔吉斯斯坦、立陶宛、爱沙尼亚、保加利亚、土库曼斯坦、斯洛伐克与罗马尼亚。

第六类：荷兰、捷克、爱尔兰、匈牙利、奥地利、卢森堡与芬兰。

第七类：德国、英国与法国。

第八类：瑞典、丹麦与比利时。

根据以上“丝绸之路经济带”域内50个国家建筑工程土地利用类型的聚类结果，对建筑工程土地利用人均生态盈亏量与建筑工程土地利用生态盈亏总量进行分析，发现建筑工程土地利用也表现出一定的地区差异，但在每一类别又都具有一些各自的共性特征。结合聚类分析结果可知（表5-9）。

表5-9　1991～2012年“丝绸之路经济带”建筑工程土地利用类型的生态盈亏聚类分析

（单位：全球公顷）

分类结果	国家	建筑人均值	人均生态供需状态	建筑总量均值	生态总量供需状态
1	印度	0.0382	较低人均生态供需	4.15×10^{7}	较高生态总量供需

续表

分类结果	国家	建筑人均值	人均生态供需状态	建筑总量均值	生态总量供需状态
2	阿富汗、蒙古国、斯洛文尼亚、伊拉克、西班牙、葡萄牙、格鲁吉亚、哈萨克斯坦、塞浦路斯、阿塞拜疆、叙利亚、克罗地亚、约旦、希腊、亚美尼亚、白俄罗斯、乌兹别克斯坦、塔吉克斯坦与以色列	0.0484	中低人均生态供需	5.41×10^{5}	较低生态总量供需
3	巴基斯坦、俄罗斯、孟加拉国、乌克兰、意大利、波兰、缅甸与伊朗	0.0594	中低人均生态供需	4.45×10^{6}	中高生态总量供需
4	中国	0.0932	中高人均生态供需	1.21×10^{8}	最高生态总量供需
5	拉脱维亚、吉尔吉斯斯坦、立陶宛、爱沙尼亚、保加利亚、土库曼斯坦、斯洛伐克与罗马尼亚	0.0961	中高人均生态供需	6.64×10^{5}	较低生态总量供需
6	荷兰、捷克、爱尔兰、匈牙利、奥地利、卢森堡与芬兰	0.1419	中高人均生态供需	1.06×10^{6}	中高生态总量供需
7	德国、英国与法国	0.1833	较高人均生态供需	1.22×10^{7}	较高生态总量供需
8	瑞典、丹麦与比利时	0.2226	最高人均生态供需	1.84×10^{6}	中高生态总量供需

（1）从人类发展历史来看，人类一般都选择定居在较为或最为肥沃的土地上（主要为耕地，也包括草地、林地和湿地等），并在此基础上巩固延续

和发展壮大，所以其生态足迹（需）与生态承载力（供）相同，即本身的生态盈亏为零。但各类人居设施和道路为主的建筑用地所占用的土地类型用地面积的增加，意味着耕地类型（也包括草地、林地和湿地等）面积和生态空间的减少、生物多样性的丧失以及生物生产量的减少，所以一个国家或地区的建筑工程土地利用的供需量越大，该国家或地区所面临的生态赤字压力亦越大。

(2)“丝绸之路经济带”域内国家或地区的建筑工程土地利用类型显示为不同程度的生态供需状态：与农业资源、草业资源、林业资源、渔业资源与化石能源五种不同生产性土地利用类型的聚类分析结果相比，建筑工程土地利用的生态供需值最低，所占面积的比重也相对较小；同时，由于不同资源的生态盈亏在一定程度上反映了消费结构和生产结构的地区差异，区域内各国家或地区建筑工程土地利用也呈现出与生产消费相适应的区域差别，但随着人口增长、城镇化水平加快和经济社会发展，各国家或地区的建筑工程土地利用面积需求势必会呈现出逐年增加的变化趋势。

建筑工程土地利用主要包括了人居设施和道路网络建设两方面内容，但由于人居设施具有很强的国界属性，基本上只能在一个国家的内部进行优化，而对“丝绸之路经济带”而言，各国的路网建设和联通则是促进整个区域“创新、协调、绿色、开放、共享”发展最基础的条件支撑与保障。

因此，为了进一步提高域内土地资源优化利用，最大限度地减少建筑工程用地利用不合理、不均衡、不充分等而导致的不同国家或地区建筑工程土地利用类型差异和域内整体生态亏损现象，同时有效促进“丝绸之路经济带”域内其他资源的经济、高效流动，结合域内各国家或地区的资源禀赋特点、资源需求和供需能力情况、社会经济和城镇化发展水平，特别是与这些情况相对应的域内各国家或地区的路网密度分布、通行能力状况和通达性状况等，我们选择各国家或地区的建筑工程土地，利用生态供需量形成“丝绸之路经济带”建筑工程土地利用类型的辐射流动路径。

“丝绸之路经济带”建筑工程用地生态供需呈现出明显的地理分布特征和辐射配置发展格局。

（1）比利时、英国、法国、德国等西欧国家与中国，是建筑用地人均生态供需与总量供需较高以上程度的国家，中亚和中东地区、非洲地区与东欧地区的建筑用地人均供需与供需总量处于相对较低水平，说明分别位于“丝绸之路经济带”亚欧大陆桥起点与终点汇聚地的中国与西欧国家的建筑工程用地开发使用面积均处于较高水平，相比之下中部沿线各国家的建筑工程开发与利用程度偏低。

（2）“丝绸之路经济带”的路网密度，整体呈现出沿海明显高于内陆、两端（东亚、欧洲经济圈）明显高于中间的分布态势，与域内各国家或地区的人口密度、社会经济发展程度及城镇化发展水平等高度相关。域内整体的通行能力和通达状况也基本呈现出相似的分布态势，部分地区诸如中印、印欧之间尚缺乏陆路联通，中国-中亚-西亚、中巴经济走廊的通行能力和通达条件都比较差，等等。

（3）以各国家或地区建筑工程土地利用的人均资源生态供需与生态供需总量为基准（详见附录1和附录2），确定各个国家或地区建筑工程土地可开发总量与潜在开发能力，以贯通亚欧非三大洲的三条亚欧大陆桥为主线，以域内各大中心城市或重要城市为节点，以农林渔草与化石能源等五类资源的远距离流动及配置的需求迫切程度和供需能力大小为依据，进行域内物流基础设施的统筹规划和布局建设，以缓解“丝绸之路经济带”的生态赤字与生态压力，实现可持续发展的目标。

5.4 “丝绸之路经济带”可持续发展的未来趋势预测

应用灰色预测模型的相关原理，选择1991～2012年“丝绸之路经济带”与全球的生态足迹账户相关数据，进行“丝绸之路经济带”与全球的未来可持续发展趋势的评估预测和比对研究。

首先将1991～2012年“丝绸之路经济带”与全球人均生态赤字设为原始时间序列，在构建1-AGO数据序列之前，采用滑动平均法对“丝绸之路经济带”人均生态盈亏指标进行预处理，以消除数据的过度波动，滑动平均法的计

算公式为 $x'^{(0)}(t) = [x^{(0)}(t-1) + 2x^{(0)}(t) + x^{(0)}(t+1)]/4(t=2, \cdots, n)$；两端点的计算公式为 $x'^{(0)}(1) = [3x^{(0)}(1) + x^{(0)}(2)]/4$；$x'^{(0)}(n) = [x^{(0)}(n-1) + 3x^{(0)}(n)]/4$。其次利用灰色系统理论及其应用方法对“丝绸之路经济带”人均生态盈亏的新序列与全球生态盈亏的时间序列进行微分拟合，从而建立灰色预测模型 GM（1，1）。其中“丝绸之路经济带”人均生态赤字时间响应函数式为

$$\hat{X}^{(0)}(k+1) = 61.551\,152e^{0.018\,173k} - 60.356\,118$$

全球人均生态赤字时间响应函数式为

$$\hat{X}^{(0)}(k+1) = 12.081\,338e^{0.042\,291k} - 11.501\,338$$

具体结果见表 5-10。

表 5-10　1991～2012 年“丝绸之路经济带”与全球人均生态赤字的实际值和模型值比较

（单位：全球公顷）

年份	“丝绸之路经济带”人均生态赤字			全球人均生态赤字		
	实际值	模拟值	残差	实际值	模拟值	残差
1991	-1.1635	-1.1635	0.0000	-0.5800	-0.5800	0.0000
1992	-1.2897	-1.1288	-0.1609	-0.5600	-0.5219	-0.0381
1993	-1.1182	-1.1495	0.0313	-0.5600	-0.5444	-0.0156
1994	-1.0888	-1.1701	0.0813	-0.5700	-0.5680	-0.0020
1995	-1.1606	-1.1920	0.0314	-0.6100	-0.5925	-0.0175
1996	-1.1672	-1.2139	0.0467	-0.6300	-0.6181	-0.0119
1997	-1.1526	-1.2362	0.0836	-0.6600	-0.6448	-0.0152
1998	-1.1402	-1.2588	0.1186	-0.6400	-0.6726	0.0326
1999	-1.1072	-1.2819	0.1747	-0.6400	-0.7017	0.0617
2000	-1.2844	-1.3054	0.0210	-0.7000	-0.7320	0.0320
2001	-1.2730	-1.3294	0.0564	-0.7000	-0.7636	0.0636
2002	-1.2704	-1.3537	0.0833	-0.7200	-0.7966	0.0766
2003	-1.4686	-1.3786	-0.0900	-0.8100	-0.8310	0.0210

续表

年份	“丝绸之路经济带”人均生态赤字			全球人均生态赤字		
	实际值	模拟值	残差	实际值	模拟值	残差
2004	-1.5722	-1.4038	-0.1684	-0.9000	-0.8669	-0.0331
2005	-1.6682	-1.4296	-0.2386	-0.9600	-0.9044	-0.0556
2006	-1.7130	-1.4558	-0.2572	-1.0100	-0.9434	-0.0666
2007	-1.7868	-1.4825	-0.3043	-1.0800	-0.9842	-0.0958
2008	-1.7178	-1.5097	-0.2081	-1.0700	-1.0267	-0.0433
2009	-1.3376	-1.5374	0.1998	-1.0200	-1.0711	0.0511
2010	-1.4782	-1.5656	0.0874	-1.1300	-1.1173	-0.0127
2011	-1.4702	-1.5943	0.1241	-1.1800	-1.1656	-0.0144
2012	-1.3536	-1.6235	0.2699	-1.1400	-1.2160	0.0760

进一步根据“丝绸之路经济带”和全球的原始时间序列的人均生态赤字模拟值与残差结果进行灰色预测模型的精度检验，预测模型精度等级评判见表5-11。

表5-11　灰色预测模型精度等级评判参照表

模型精度等级	相对误差指标临界值 α	后验差比例 C	小误差概率 P
一级（好）	0.01	$C\leq 0.35$	$P\geq 0.95$
二级（合格）	0.05	$0.35<C\leq 0.5$	$0.80\leq P<0.95$
三级（勉强合格）	0.10	$0.5<C\leq 0.65$	$0.70\leq P<0.80$
四级（不合格）	0.20	$C>0.65$	$P<0.70$

检验结果显示，“丝绸之路经济带”人均生态赤字灰色预测模型的平均相对误差、后验差比值与小误差概率均达到三级标准，全球人均生态赤字灰色预测模型的平均相对误差、后验差比值与小误差概率均达到一级标准。通过以上

精度检验，预测方程均显示为合格。各精度检验值分别见表 5-12。

表 5-12 “丝绸之路经济带”与全球人均生态赤字灰色预测模型的精度检验值

尺度	灰色预测模型	平均相对误差/%	精度/%	后验差比值	小误差概率	精度检验等级
“丝绸之路经济带”	GM（1，1）模型	8.1365	91.86	0.6235	0.73	三级
全球	GM（1，1）模型	4.8397	95.16	0.2144	1	一级

由于“丝绸之路经济带”与全球人均生态赤字灰色预测模型均合格，因此可利用以上两个时间响应函数式模型分别对 2013～2025 年“丝绸之路经济带”与全球人均生态赤字灰色发展动态趋势进行科学合理的预测分析，最终预测结果如图 5-16 所示。

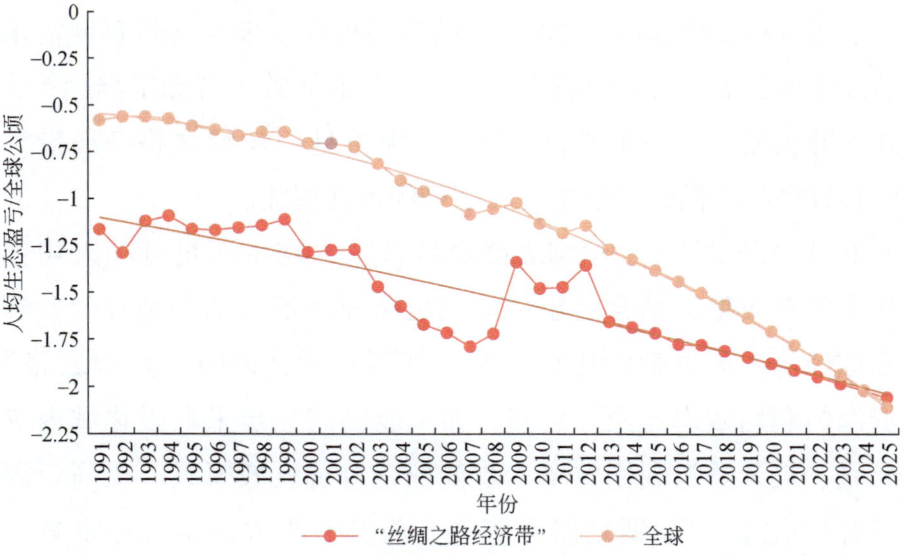

图 5-16 2013～2025 年“丝绸之路经济带”与全球人均生态赤字灰色预测趋势

通过对 2013～2025 年“丝绸之路经济带”与全球人均生态赤字灰色预测趋势分析可以看出以下问题（图 5-16）。

（1）2013～2025 年“丝绸之路经济带”与全球人均生态赤字均呈现出逐年恶化的变化趋势。其中，“丝绸之路经济带”人均生态赤字值由 2013 年的

1.6533 全球公顷恶化到 2025 年的 2.0562 全球公顷，全球人均生态赤字由 2013 年的 1.2685 全球公顷恶化到 2025 年的 2.1071 全球公顷，两者人均生态赤字在 2025 年前后将接近趋于持平。

（2）2013～2025 年“丝绸之路经济带”与全球人均生态赤字所呈现出的逐年恶化变率或幅度有很大不同。其中，“丝绸之路经济带”的恶化幅度为 0.4029 全球公顷，年均恶化变率为 1.8340%；而全球的恶化幅度为 0.8386 全球公顷，年均恶化变率为 4.3197%。全球人均生态赤字年均恶化率近乎为“丝绸之路经济带”人均生态赤字年均恶化率的 2.36 倍。

通过以上数据分析可以得出如下结论。

（1）在未来较短时间之内，“丝绸之路经济带”与全球人均生态足迹的未来走向将继续呈现出逐年递增的变化趋势，而两者的生态承载力的未来走向将继续呈现出缓慢减小的变化趋势。结果显示，无论是“丝绸之路经济带”还是全球，如果继续延续 1991～2012 年的发展模式，未来自然资源需求量与使用量将继续增加，而生态供给将继续减少，从而导致生态赤字继续扩大，两者的可持续发展状况将进一步恶化。所以，无论是“丝绸之路经济带”还是全球，采取有效措施降低或缓解生态赤字已经迫在眉睫。

（2）相比全球而言，“丝绸之路经济带”人均生态足迹和人均生态承载力的变化率相对较低，结合近年“丝绸之路经济带”的经济社会发展速度较快和对全球经济发展贡献的比重日益增加等实际，说明“丝绸之路经济带”对自然资源的利用效率比全球更高，如果能够进一步采取强化域内资源合理流动与配置、提升资源利用效率、改善现有经济发展模式、提高资源利用管理水平等有效措施，“丝绸之路经济带”将具有很大的生态赤字减小或缓解空间。

通过以上分析，“丝绸之路经济带”的自然资源利用和经济社会发展，不仅具有高于甚至优于全球水平的现状发展态势，而且具有域内自然资源合理流动与配置、资源利用效率提升和经济社会快速发展的共同愿景、先进理念、地域联通、优势互补、基础支撑和提升空间等方面的巨大优势与发展潜力。通过人文、经济与生态等全方位、一系列有效措施的谋划与实施，强化域内资源合理流动与配置、改变现有经济发展模式、提高自然资源利用效率，提高域内整体人口素质和资源利用管理水平，必将有效地改善和缓解“丝绸之路经济带”生态赤字进一步恶化的发展态势，不仅会开启和引领“丝绸之路经济带”未来的发展朝向，也将为世界经济发展提供新的、更为强劲的动力和绿色可持续发展的范式。

第6章 研究结论

通过“丝绸之路经济带”整体、域内各国与全球尺度间的资源环境生态约束条件在不同时间、空间层面上的宏微观分析、纵横向比较和趋势性预测等研究结果的进一步梳理，可以得出以下主要结论。

6.1 “丝绸之路经济带”可持续发展的全球性定位分析

利用1991～2012年“丝绸之路经济带”生态足迹模型的时间序列动态演变分析结果，将“丝绸之路经济带”的生态足迹在全球尺度上进行定位分析，可以得出以下结论。

6.1.1 关于生态足迹

（1）1991～2012年，“丝绸之路经济带”和全球人均生态足迹整体上均呈现出不同程度波动增长的趋势。其中“丝绸之路经济带”人均生态足迹从1991年的4.1005全球公顷增长到2012年的4.1922全球公顷，全球人均生态足迹则从1991年的2.6300全球公顷增长到2012年的2.8400全球公顷。虽然“丝绸之路经济带”人均生态足迹增长的波动幅度更为明显，但足以说明无论是“丝绸之路经济带”还是全球，人类对自然资源的需求和消费在持续增加，可持续发展恶化的态势在进一步增强。

（2）1991～2012年，“丝绸之路经济带”人均生态足迹明显高于全球人均生态足迹。“丝绸之路经济带”年均人均生态足迹为4.2325全球公顷，而全球年均人均生态足迹为2.6809全球公顷，即“丝绸之路经济带”年均人均生态足迹约超出全球年均人均生态足迹的57.88%，约为全球年均人均生态足迹的1.58倍之多。换言之，“丝绸之路经济带”对自然资源的人均消费需求量要超出全球自然资源的人均消费需求量的1.58倍以上，“丝绸之路经济带”面临着更为严峻和迫切的可持续发展现状、形势和需求。

（3）1991~2012年，“丝绸之路经济带”人均生态足迹的年均增长率要低于全球人均生态足迹的年均增长率。1991~2012年，“丝绸之路经济带”人均生态足迹增幅为0.0917全球公顷，年均增长率为0.1054%；而全球人均生态足迹增幅为0.2100全球公顷，年均增长率为0.3665%。结合“丝绸之路经济带”多年的经济快速增长及其对全球经济贡献比重的持续增长，说明在一定程度上“丝绸之路经济带”自然资源的利用效率要高于全球范围内的自然资源利用效率。

（4）在变化趋势上，“丝绸之路经济带”与全球人均生态足迹之间存在着高度一致的变化趋势，说明随着经济全球化与自然生产力的快速发展，“丝绸之路经济带”作为全球的有机组成部分，与全球的消费模式、资源使用与配置供给的技术和管理能力等的交流与传播几乎同步，与世界各地的人均资源消费量一道呈现出稳中有升，基本保持前后同步变化的态势。

6.1.2 关于生态承载力

（1）“丝绸之路经济带”和全球人均生态承载力整体上均呈现出不同程度波动下降的趋势。其中“丝绸之路经济带”人均生态承载力值从1991年的2.9370全球公顷下降到2012年的2.8386全球公顷；全球人均生态承载力从1991年的2.0500全球公顷下降到2012年的1.7000全球公顷。说明无论是“丝绸之路经济带”还是全球，人类对自然资源与生态系统的开发利用、人为破坏、丢弃搁置或者自然流失等过度消费的情况依然严重，资源的高效利用和可持续发展形势依然迫切而严峻。

（2）“丝绸之路经济带”年均人均生态承载力的降低率要低于全球年均人均生态承载力的降低率。1991~2012年，“丝绸之路经济带”的人均生态承载力的降幅为0.0984全球公顷，年均降低率为0.1621%；全球人均生态承载力降幅约为0.3500全球公顷，年均降低率为0.8875%。说明在一定程度上，“丝绸之路经济带”生态系统服务与资源利用的保护效率或恢复弹性要明显高于全球，同时也展示出明显高于全球的自然资源、生态产品和生态系统服务的人均供给潜力。

（3）“丝绸之路经济带”的人均生态承载力要明显高于全球的人均生态承载力。1991～2012年，“丝绸之路经济带”的年均人均生态承载力为2.8787全球公顷，而全球年均人均生态承载力为1.8686全球公顷，“丝绸之路经济带”年均人均生态承载力约高出全球年均人均生态承载力的54.06%。换言之，如果结合“丝绸之路经济带”人口数量占世界人口的比重，不难发现，“丝绸之路经济带”的自然资源、生态产品和生态系统服务的人均供给能力要比全球的自然资源、生态产品和生态系统服务的人均供给能力高出一半以上。

（4）在变化趋势上，“丝绸之路经济带”与全球的人均生态承载力大体上相同。说明在经济全球化与自然生产力快速发展的大背景下，“丝绸之路经济带”与全球的自然资源人均供给量和供给份额占比必然联系并互有影响；区别在于，在区域生态环境、资源再生能力与人口分布差异等客观因素，以及资源利用效率、资源替代、政策支持与资源环境生态的保护力度等主观因素的影响下，“丝绸之路经济带”与全球两个不同尺度上所获得的人均自然资源、生态产品和生态系统服务变化之间并没有表现出非常一致的同步增减的变化趋势。

6.1.3 关于生态盈亏

（1）“丝绸之路经济带”与全球人均生态足迹均明显大于各自的人均生态承载力。1991～2012年，“丝绸之路经济带”年均人均生态赤字约为1.3538全球公顷，全球年均人均生态赤字约为0.8123全球公顷，“丝绸之路经济带”年均人均生态赤字约为全球年均人均生态赤字的1.67倍。说明无论是“丝绸之路经济带”还是全球，对自然资本的利用均已超出了自然生态系统的生态承载能力，出现了较为严重的亏损，且“丝绸之路经济带”人均生态赤字要明显高于全球人均生态赤字。这意味着相对全球而言，“丝绸之路经济带”对自然资源的消费需求、自然再生产能力消耗和对子孙后代生态系统服务透支的赤字更为严重，也使“丝绸之路经济带”面临着更为严峻而深远的生态供需矛盾加剧、生态系统退化加速、人地关系紧张加重等负面生态效应和不可持续发展的形势与压力。

（2）“丝绸之路经济带”与全球人均生态赤字之间存在着较为一致的同步下降趋势。1991～2012 年，“丝绸之路经济带”人均生态赤字值从 1991 年的 1.1635 全球公顷恶化到 2012 年的 1.3536 全球公顷，全球人均生态赤字从 1991 年的 0.5800 全球公顷恶化到 2012 年的 1.1400 全球公顷，两者的人均生态盈亏量整体均呈现出了较为快速的下降趋势，即生态赤字都在快速扩大。说明随着人口的不断增长以及人类对自然资源需求量与使用量的不断增加，“丝绸之路经济带”与全球生态亏损都在进一步加剧和恶化，且存在一定的相互影响和作用关系。

（3）“丝绸之路经济带”人均生态赤字增加速度要明显低于全球人均生态赤字增加速度。1991～2012 年，“丝绸之路经济带”人均生态赤字增幅为 0.1901 全球公顷，年均增长率为 0.7232%；全球人均生态赤字增幅为 0.5600 全球公顷，年均增长率为 3.2702%，全球人均生态赤字年均增长率约为“丝绸之路经济带”人均生态赤字年均增长率的 4.52 倍，且两者的生态赤字之间的差距呈现出趋于逐步缩小的态势。如果再结合“丝绸之路经济带”的世界人口占比，经济增长速度及其对全球经济贡献比重的持续增加，就足以说明虽然“丝绸之路经济带”与全球生态赤字均在快速增加，但“丝绸之路经济带”自然资源利用效率要高于全球自然资源利用效率，如果辅以相应更有效的措施，将具有更为巨大的提升潜力和空间。

（4）通过将“丝绸之路经济带”生态足迹分别与域内和全球的生态承载力的差额比对，可知“丝绸之路经济带”生态足迹与域内生态承载力的差额要明显小于其与全球的差额。再次说明，虽然同样存在生态赤字，但“丝绸之路经济带”自然资源与生态产品的生态供给能力要明显优于全球。因此，相比通过增加域外生态资源的进口量以减少域内人均生态足迹而言，对于“丝绸之路经济带”的大多数国家来说，促进“丝绸之路经济带”资源流动与平衡、提高域内资源利用效率等手段，是减缓和改善“丝绸之路经济带”生态赤字更加有效的措施与资源获取的决定因素。

6.2 “丝绸之路经济带”可持续发展的全方位内部分析

通过对1991~2012年“丝绸之路经济带”域内生态-环境系统、生态-经济系统、生态-社会系统、生态-文明系统的可持续发展进行分析，可以得出“丝绸之路经济带”全方位内部分析的结论，具体如下。

6.2.1 关于生态-环境系统

（1）从地理生态学的角度看，“丝绸之路经济带”域内各国的人均生态足迹具有一定区域或地理上的空间分布特征。各国的人均生态足迹按照亚太地区（蒙古国除外）和南亚—中东和中亚地区—欧洲其他国家—欧盟的地理位置由南向北、由东向西呈比较明显的阶梯状依次增加的分布特征，意味着各国对自然资源与生态系统服务的需求量和消费量是依次增加的。

（2）从地理生态学的角度看，“丝绸之路经济带”域内各国的人均生态承载力也具有一定的区域或地理上的空间分布特征。各国的人均生态承载力与各国的人均生态足迹在空间位置演变上具有相似之处，按照亚太地区（蒙古国除外）和南亚—中东和中亚地区—欧洲其他国家—欧盟的地理位置由南向北、由东向西呈比较明显的阶梯状依次增加的分布特征，意味着各国的自然资源与生态系统服务的供给能力也是依次增加的。

（3）从地理生态学的角度看，“丝绸之路经济带”域内各国的人均生态盈亏量同样具有一定的区域或地理上的空间分布特征。各国的人均生态盈亏按照亚太地区（蒙古国除外）和南亚—中东和中亚地区—欧洲其他国家—欧盟的地理位置由南向北、由东向西呈比较明显的阶梯状依次增加的分布特征，域内各国的人均生态盈亏主要呈南北差异：部分欧洲北部国家（瑞典、芬兰、俄罗斯、爱沙尼亚、拉脱维亚等）与部分亚洲北部国家（蒙古国、哈萨克斯坦、缅甸等）等“丝绸之路经济带”北部地区，基本为人均生态盈余，人均生态承载力大于人均生态足迹，自然资源和生态系统服务供大于求，处于可持续发展的状态；而大部分西欧、东亚、中亚、东南亚与中东地区国家等“丝绸之路经济带”南部地区，则表现为不同程度的人均生态亏损或生态赤字，人均生态足迹大于人均生态承载力，自然资源和生态系统服务供不应求，处于不可持续发展的状态。

6.2.2 关于生态–经济系统

（1）“丝绸之路经济带”生态经济系统的可持续发展能力大体按照亚太地区（蒙古国除外）和南亚—中东和中亚地区—欧洲其他国家—欧盟的地理位置由南向北、由东向西呈阶梯状逐渐提高的分布特征，与人均生态足迹变化相类似。说明人均生态足迹的高低是“丝绸之路经济带”域内各国生态经济系统可持续发展的主要制约因素。

（2）要提高“丝绸之路经济带”生态经济系统可持续发展能力，可采取的措施有三种：一是增加人均生态足迹，二是提高人均生态足迹多样性，三是提高资源利用效率。但由于“丝绸之路经济带”大部分国家（约 86%）处于人均生态赤字状态，即人均生态足迹超出了人均生态承载力，增加人均生态足迹的措施仅适用于小部分生态盈余的国家（约 14%），可在生态承载能力范围之内适度增加人均生态足迹，以有效提高生态经济系统的可持续发展能力；而对大部分国家来讲，并不具备继续大幅度增加人均生态足迹的可行空间，否则就是雪上加霜，就会加大生态系统对外部资源的依赖性和风险性，容易造成生态–经济系统自然资源供需更趋失衡乃至崩溃，更趋不可持续发展的状态。

（3）除小部分可以通过适度增加人均生态足迹的国家外，大部分没有生态足迹增加空间的国家，最有效和最现实可行地既能加强域内各国的生态经济系统稳定性，又能提升域内各国可持续发展能力的措施只能是两条途径：一是形成域内共识，着力于提高域内各国生态足迹的多样性供给，将六种不同类型的生物生产性土地资源在域内进行最优化配置流动和合理利用；二是通过技术引进、创新、共享和管理创新，一方面大幅度提高自然资源利用效率，另一方面大力度开展替代资源研发，从而间接提高“丝绸之路经济带”域内各国的人均生态足迹、生态经济系统的稳定性和可持续发展能力。

6.2.3 关于生态–社会系统

（1）“丝绸之路经济带”域内各国人类发展水平具有明显的地理区域性分布特征。与域内各国的人均生态足迹一样，各国的人类发展指数也按照亚太地区（蒙古国除外）和南亚—中东和中亚地区—欧洲其他国家—欧盟的地理位置由南向北、由东向西呈现出从低人类发展水平到中等人类发展水平、高人类发展水平，甚至到达极高人类发展水平的地理分布特征。

（2）“丝绸之路经济带”域内各国人类发展指数与人均生态足迹之间具有显著的正相关关系。人类福祉与国家社会发展的满足和保障在很大程度上依赖于自然资源与生态系统对人类社会发展的供给能力及供给量，换言之，只有在自然资源与生态产品的供给能力范围之内，通过不断增加自然资源与生态产品的供给量或不断提高自然资源与生态产品的利用效率，才能满足不断增长的人类福祉与社会运作需求。所以，人类发展水平较高的国家，其人均生态足迹也相对较高，而人类发展水平较低的国家，其人均生态足迹也相对较低。

（3）“丝绸之路经济带”域内各国人类发展所面临的问题和挑战不同。欧盟以及欧洲其他国家等人类发展水平较高的国家，其人均生态足迹也较高，面临的是在保持相对较高的人类福祉的同时，如何有效降低人均生态足迹压力的问题；而亚太地区和南亚以及中东和中亚地区等人类发展水平较低的国家，面临的则是如何在人均生态足迹不变乃至降低的情况下，达到既不显著增加或最好能够有效降低对自然资源和生态系统的承载压力，又能切实提高各国社会经济发展能力和人类福祉的目的。

6.2.4 关于生态-文明系统

（1）“丝绸之路经济带”域内各国的社会发展水平与自然资源利用效率呈现出一定的区域分布特征。不同地理分布区的 GDP 与万元 GDP 生态足迹表现出极大的负相关关系：各国的 GDP 按照亚太地区（蒙古国除外）和南亚—中东和中亚地区—欧洲其他国家—欧盟的地理位置由南向北、由东向西呈现出逐渐增加的分布特征，而万元 GDP 的生态足迹则按照亚太地区（蒙古国除外）和南亚—中东和中亚地区—欧洲其他国家—欧盟的地理位置由南向北、由东向西呈现出逐渐降低的分布特征。社会发展水平与资源利用效率之间呈正相关关系。

（2）“丝绸之路经济带”域内各国的万元 GDP 生态盈亏或可持续发展状况也呈现出一定的区域差异和地理分布特征。域内各国整体上处于万元 GDP 生态赤字的状态，但万元 GDP 生态赤字绝对值又按照亚太地区（蒙古国除外）和南亚—中东和中亚地区—欧洲其他国家—欧盟的地理位置由南向北、由东向西呈现出逐渐降低的变化状态，说明国家或地区的可持续发展程度按照低等可持续极低效发展—重度不可持续低效发展—中度不可持续中效发展—轻度不可持续高效发展由南向北、由东向西逐渐提高的地理分布特征。

6.3 “丝绸之路经济带”可持续发展的平衡性布局分析

利用 1991～2012 年“丝绸之路经济带”生态足迹模型结构组分的生态盈亏分析结果，对“丝绸之路经济带”的可持续发展进行平衡性布局分析，可以得出以下结论。

（1）“丝绸之路经济带”生态足迹六种生物生产性土地利用类型的生态盈亏具有一定的面积比重特征。六种生物生产性土地利用类型按照建筑工程用地—农业资源用地—草业资源用地—渔业资源用地—林业资源用地—化石能源用地，其所占的人均生态盈亏比重逐渐增加；按照建筑工程用地—草业资源用地—农业资源用地—渔业资源用地—林业资源用地—化石能源用地，其所占的生态总量盈亏比重逐渐增加；而生态赤字恶化程度则按照建筑工程用地—渔业资源用地—草业资源用地—林业资源用地—农业资源用地—化石能源用地逐步加剧。由此可见，化石能源因其不可再生性和无土地预留性特征，加上 1991 ~2012 年"丝绸之路经济带"域内大部分国家或地区均处于工业化与城市化加速发展阶段，各国的化石能源需求、消耗量与 CO_2 排放量持续增加，使得化石能源成为影响人均生态足迹总量和人均生态赤字上涨的首要因素。比较特殊的是农业，其所占生态盈亏的面积比重虽然不是很高，但是作为人类生存、生活、生产无可替代的基础产业支撑，同时随着各个国家或地区经济社会发展、人民生活水平以及对农副产品高质化、多元化需求的快速增加，反而导致农业资源的生态赤字偏高，使得农业始终是"丝绸之路经济带"关注的重点。

（2）"丝绸之路经济带"生态足迹六种生物生产性土地利用类型的生态盈亏具有一定的地理分布特征。随着六种生物生产性土地利用类型所占生态盈亏面积按照建筑工程用地—林业资源用地—渔业资源用地—草业资源用地—农业资源用地—化石能源用地依次增加，各个国家或地区生态赤字恶化的程度变化也呈现出基本相同的地理分布趋势，其中草业资源用地、林业资源用地与渔业资源用地人均生态盈亏按照亚太地区（蒙古国除外）和南亚—中东地区—欧盟等生态赤字地区到中亚与北欧等生态盈余地区的地理分布特征；而化石能源用地人均生态盈亏则按照亚太地区（蒙古国除外）和南亚—中亚和中东地区—欧洲其他国家—欧盟的地理位置由南向北、由东向西呈现出阶梯状增加的分布特征，农业资源则只形成了以部分欧盟国家、少数中亚国家和部分南亚国家为生态盈余，其余大部分国家或地区为生态赤字的斑块状地理分布特征。以上地理分布特征与人均生态盈亏的分布变化特征基本相同，再一次证明化石能源消耗与 CO_2 排放是整个生态赤字走向的主导者，农业资源是区域生态赤字最大短板和瓶颈。

（3）"丝绸之路经济带"生态足迹六种生物生产性土地利用类型的生态盈亏具有一定的资源流动特征。"丝绸之路经济带"域内不同资源利用类型的盈亏情况和地理分布，可以形成以贯通亚欧非三大洲的三条亚欧大陆桥为承载，以中蒙俄经济合作走廊、中国–中亚–西亚经济合作走廊与中国–中南半岛经济合作走廊为带动，远近距离相结合的域内不同资源合理流动、运转与配置的资源辐射流动路径。其中农业资源主要以第二条亚欧大陆桥为依托，从中线向南北两线沿线国家辐射流动；草业资源、林业资源与渔业资源则主要从北线与中线国家向南线国家辐射流动；化石能源则可以从南线与中线国家向北线国家适度辐射流动；建筑工程则主要以域内各大中心城市或重要城市为节点，以农业资源、林业资源、渔业资源、草业资源和化石能源五类资源的远距离流动与配置的需求迫切程度和供需能力大小为依据，进行域内的物流基础设施统筹布局和强化建设（重点是路网强化和联通建设）。通过以上资源辐射流动路径的统筹规划、方案设计和建设实施，可以有效缓解或减少“丝绸之路经济带”部分国家或地区的生态赤字，改善“丝绸之路经济带”整体和区域的可持续发展状态。

6.4 “丝绸之路经济带”可持续发展的未来趋势预测

利用1991～2012年“丝绸之路经济带”与全球生态足迹账户结构组分的生态盈亏分析结果，对2013～2025年“丝绸之路经济带”与全球的生态赤字和可持续发展趋势进行评估预测与比对分析，可以得出以下结论。

（1）根据1991～2012年的发展模式，2013～2025年“丝绸之路经济带”与全球人均生态足迹将继续呈现出逐年递增的趋势，而两者人均生态承载力将继续呈现出缓慢减小的变化趋势。由此说明，无论是“丝绸之路经济带”还是全球，未来自然资源的需求量与使用量还将继续增加，而生态供给还将继续减少，从而导致生态赤字继续扩大，两者的可持续发展状况均将进一步恶化，如何采取有效措施降低或缓解生态赤字已经迫在眉睫。

（2）2013～2025年，“丝绸之路经济带”与全球人均生态赤字所呈现出的逐年恶化变率或幅度有很大不同，全球人均生态赤字年均增长率近乎为“丝绸之路经济带”生态赤字年平均增长率的2.36倍，“丝绸之路经济带”人均生态赤字恶化的年均变化率要低很多。照此发展速度进行预测，“丝绸之路经济带”与全球人均生态赤字将在2025年前后接近趋于持平。也进一步说明“丝绸之路经济带”的资源利用效率比全球更好一些，具有更好的、向好的资源环境生态改善与可持续发展的潜力和前景。

（3）基于“丝绸之路经济带”比全球具有更好的、向好的资源环境生态改善与可持续发展的潜力和前景，如果能够及时付诸实施一些更加有效的措施，如尽快强化域内资源合理流动与配置、提升域内资源利用效率、改善域内现有经济发展模式、提高域内资源开发利用及管理水平等，无疑将进一步扩大“丝绸之路经济带”的生态赤字减小或缓解空间，也必将有利于缩短和提升实现“丝绸之路经济带”可持续发展目标的时间与水平。

第7章 "丝绸之路经济带"绿色可持续发展的对策建议

"丝绸之路经济带"的自然资源利用和经济社会发展，虽然面临着较全球更为严峻的现实生态背景支撑（更大的人均生态足迹、更高的人均生态赤字、更多的自然资源需求和消耗等）和可持续发展压力（更大的人口增长压力和更强的社会经济发展需求等），但是同时"丝绸之路经济带"又具有一些相对高于甚至优于全球平均水平的资源基础优势和可持续发展态势（相对较好的人均生态承载力、相对较高的资源利用效率、相对较优的资源储备和邻近域分布特征等）。正是基于以上现实比较优势，"一带一路"倡议的提出，不仅符合人类社会发展的根本利益、共同理想和美好追求，更为重要的是有利于促进人类"命运共同体、利益共同体、责任共同体"以及引领区域或全球绿色可持续发展等先进理念的形成和实践。而对于"丝绸之路经济带"来讲，除了"一带一路"倡议所带给人类社会普遍的意义外，更因其域内本身天然的资源储备、分布、互补、流动等优势和已有且便于进一步强化相对低成本、高收益的域内资源流通的基础支撑条件，无疑具有更为有利的及现实可行的资源共享利用、绿色协同发展的巨大的内生潜力和广阔的挖掘空间。

因此，通过以上研究，本书可以得出一个基本的结论，即"丝绸之路经济带"绿色可持续发展的最大挑战或主要矛盾在于域内资源利用和经济社会发展的不平衡与不充分。面对这一现实挑战或矛盾，结合"丝绸之路经济带"1991～2012年的发展历史、现状、潜力及未来的发展潜力和趋势等分析预测结果，为从根本和长远解决"丝绸之路经济带"生态赤字问题，改善"丝绸之路经济带"的可持续发展状况，提出基于自然和人文耦合视角、资源环境约束条件下的"丝绸之路经济带"绿色可持续发展战略布局的基本判断、总体方案及“近中远期结合、宏中微观结合”的主体方案和补充方案等对策建议。

7.1 基本判断

对于“丝绸之路经济带”域内的大多数国家来说，随着域内“五通”战略的推广示范和稳步推进，必将有效提升域内的资源流动和利用效率、强化域内的资源互补优势，这将是比通过增加域外资源的进口量以减少域内人均生态足迹、提升域内生态承载力更为经济、有效和重要的资源获取的决定性因素与缩减域内生态赤字的策略性选择。在此基础上，如能辅以域内社会经济发展模式的转变和资源利用效率的提升，这一优势将更加稳固。

7.2 总体方案

总体来讲，最切实可行的“丝绸之路经济带”绿色可持续发展的总体方案是：一要加强研究，加大宣传，促使域内各国尽快形成协同发展与环境保护共识，着眼长远、统筹全局、强化联动、共谋发展，形成“命运共同体”。二要依据现实需求、分轻重缓急和可行性条件，制定分步实施和重点突破的建设方案，同步设计、同步施工、同步投产、同步检查、同步总结，加速推进域内资源高效流动，促进域内经济社会发展和民生福祉提升，通过共享成果、示范与示效，形成“利益共同体”。三要做好顶层设计、整体规划和制度构建，加大投入、强化合作，通过鼓励技术创新、体制创新、机制创新、管理创新，大举提高域内资源利用效率、大力拓展域内替代资源渠道、大幅降低域内资源开发利用成本，以有效降低域内生态足迹、缓解域内生态赤字，通过制度保障、利益共享和责任共担等体制机制建立，形成“责任共同体”。最终通过以上“命运、利益、责任”三个共同体的建立，从根本上促进“丝绸之路经济带”可持续发展目标的实现。

7.3 主体方案

对以上总体方案进行细化，按照“近中远期结合、宏中微观结合”的原则可提出以下主体方案和具体对策建议（表 7-1）。

表 7-1 绿色“丝绸之路经济带”可持续发展主体方案

时期	宏观方案（顶层设计）	中观方案（战略布局）	微观方案（制度构建）
近期	基础研究，补齐短板； 倡议理论，完善体系； 理念推介，广泛宣传； 展示前景，畅通民意	优势互补，战略对接； 综合研判，区域规划； 因地制宜，特色设计； 高效实施，示范示效	交流互动，广促认同； 重点示范，力获口碑； 优质高效，合作共建； 绿色发展，正向吸引
中短期	强化研究，顶层设计； 重点规划，分步实施； 制度保障，推进合作； 点面结合，相通基础	系统研究、摸清本底； 扬长避短，科学决策； 构建格局，畅通基础； 长效机制、风险防控	求同存异，战略对接； 共享利益，共担责任； 互学互鉴，基础联通； 制度创新，互利共赢
中长期	及时总结，适应发展； 转变模式，技术攻关； 长期监测、及时调整； 长效机制，持续发展	长期跟踪，重点监测； 系统研究，提前布局； 确定重点，强化创新； 完善制度，环发并重	合作研究，成果共享； 调整模式，优化结构； 技术创新，提高效率； 关注民生，聚焦发展

7.3.1 宏观方案

近期看，一要集中所有优势力量，对“丝绸之路经济带”倡议的理念、内涵、要素、逻辑及体系进行全方位、综合性、系统化、前瞻性地研究、梳理和提炼，通过诸如本书所尝试提供的数据和事实一样，将“丝绸之路经济带”作为一个有机的整体，展示域内优势互补，潜力优于全球的广阔前景，逐步形成完整的、科学的、先进的、开放的并具有现实和长远指导意义的理论体系。

二要通过官方、非官方及各种国际组织、平台、联盟和机制等渠道，鼓励无论政界、商界、媒界、学界还是民间组织、社会团体和国际组织，针对不同群体和受众，进行全方位、多层次、多元化、艺术性的理念推广、阐释宣传、研讨解读，乃至答疑解惑。三要通过启动和实施一些条件相对成熟、需求相对紧迫、利弊显著且利明显大于弊的短平快的示范项目，启动和规划一些虽然短期内难以全面实施，但具有显著意义、整体性影响，且局部可以推动和实施的项目，通过综合性示范示效，尽快形成理念认同、战略对接、前景展示和三个共同体共识。

中短期看，一要强化基于专门研究的顶层设计，在充分了解域内整体和各国自然资源、环境生态、社会经济、国别差异、基础联通等禀赋本底、演化趋势、需求供给、互补潜能、支撑能力、挖掘潜力的基础上，做好域内整体建设的总体规划布局、可行性分析以及风险点、难点、着力点分析和防控对策。二要依据总体规划，综合现实需求、长远考虑、轻重缓急和可行条件等因素，制定分步实施方案，逐步形成点线结合、以点带面，多维度、带状辐射和分类推进的区域大合作。从地理经济学意义上看，如以亚欧大陆桥为承载，“丝绸之路经济带”将有望整体形成从东到西，将东亚、东南亚产业链与发达的欧洲经济体和发展中的非洲相连接，亚欧非三大洲广大地区经贸人文交流的北、中、南三条大动脉（图7-1）。所以，首先应重点强化中蒙俄经济合作走廊、中国–中亚–西亚经济合作走廊与中国–中南半岛经济合作走廊基础联通建设，带动不同自然资源在域内实现最快捷流通运转、最优化资源配置和最高效合理利用。通过有效减少域内生态赤字增加幅度，维持和延续域内总体的资源供需与社会经济可持续发展状态。三要秉持“和平合作、开放包容、互学互鉴、互利共赢”的理念，通过积极探讨、友好协商、锐意创新的方式积极构建包括资金引导、平台合作、项目设计、技术创新、风险防控、争端协商等内容的共商、共建、共享、共担的体制机制和制度保障环境。

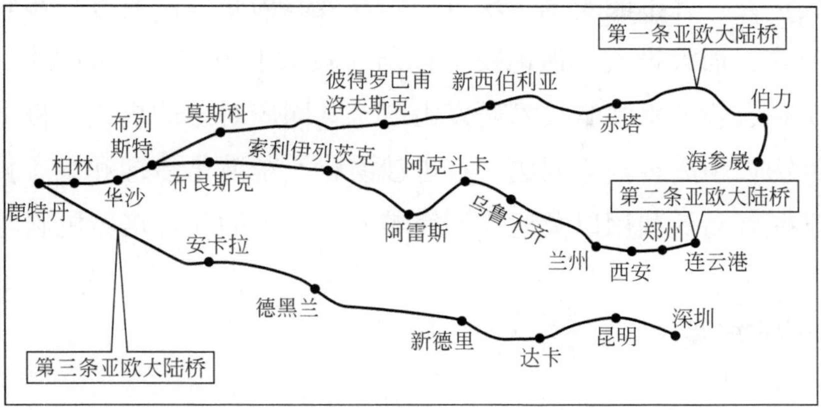

图 7-1 “丝绸之路经济带”北、中、南三条大动脉

（参考资料：《丝绸之路经济带的先行官》①）

中长期看，一要根据倡议推进、规划实施和项目进展情况，及时梳理和总结经验得失，通过不断完善和细化倡议理念内涵、规划布局和层次，不断创造和突破方方面面的机遇与挑战，使互联互通成为域内各国竞争力提升的重要路径，使域内各国将各自发展战略与“一带一路”倡议对接与融通成为其实现互利共赢的重要选择。二要建立“丝绸之路经济带”研究机构和长期定位观测台站等共享合作平台，结合全球变化应对和“丝绸之路经济带”生态环境问题具有显著的区域整体性、跨国迁移性的特征及域内资源流动辐射和建设规划实施等进展，开展长期跟进、深入研究，不仅包括域内资源环境生态的历史、现状、承载、演变趋势预测及其与域内社会经济持续发展的制约支撑、相互影响和相互作用关系在时空维度上的变化与全球维度下的定位和变化趋势等研究，也应该包括污染物长距离传输规律、气候变化对“丝绸之路经济带”的影响及其响应、可持续发展模式选择和创新以及资源环境科学数据共享的国际合作模式探索等，同步支撑形成全面客观、科学合理的调试对策和建议。三要着眼于更长远的发展战略谋划和联合技术攻关。本书的研究结果显示，如果继续延续“丝绸之路经济带”1991～2012 年发展模式，虽然“丝绸之路经济带”未来的生态赤字增长幅度将趋于减缓并逐步与全球平均持平，但其生态赤

① 席平 . 2016. 开拓丝绸之路经济带的先行官 . 中国远洋航务，(5)：44-45.

字仍将持续扩大，并不能安全实现可持续发展。为此，需要进一步转变域内的经济发展模式，加大投入，强化技术创新、攻关和共享，提高资源利用效率、可替代资源和农业节水灌溉技术研发力度，共同应对全球变化、极端自然灾害事件和污染物长距离传输等问题，推进沙漠化、荒漠化治理和生态修复，加强水资源科学配置高效利用以及建立和完善专门人才的联合培养机制等。

7.3.2 中观方案

近期看，一要对域内各国的资源禀赋、分布特征、开发利用、供需能力及互补潜能等自然基础支撑条件和开发利用情况的历史与现状进行深入的研究，以便于形成科学合理的域内近期资源互补利用及经济社会发展的区域规划，特别是邻近地域的区域发展和建设规划。二要对域内各国的国内形势、周边局势、发展态势及国别政策、宗教文化、基础条件等上层建筑和经济基础进行系统梳理与研判，提供既符合实际又现实可行的战略对接窗口和参考。三要依据域内整体发展的现实需求和可行性条件，分主要矛盾和次要矛盾，依轻重缓急，制定既符合域内整体和各国现实与长远利益又有利于达成共识、具有可行性并便于操作的区域建设规划和实施方案，通过“速见效、见实效、见实利”的“五通”规划和建设，形成域内整体发展和各国共同进步的示范示效。

中短期看，一要根据资源、环境、生态作为人类生存发展的一体化三大自然要素，分别体现自然对人类既相互联系又协同进化的三个不同功能的实际，不仅需要对域内各国的资源，也需要对域内各国的环境、生态的自然禀赋、分布特征、演化规律、开发利用、互补潜能及灾害防治等进行一体化地、系统全面地研究，为“丝绸之路经济带”可持续发展提供科学决策支撑。二要根据域内生态-环境、生态-经济、生态-社会、生态-文明各子系统的可持续发展现状及农业资源、草业资源、林业资源、渔业资源、化石能源和建筑工程等土地利用类型的生态盈亏分析结果，域内的资源环境生态整体上均呈现出由南向北、由东向西的地理分布和变化特征，可以以贯通东西的亚欧大陆桥的南–中–北三条大动脉为主线，辅以横跨南北且具有显著邻近域特征的东–中–西三个亚区域圈层，构建域内持续发展的东西–南北资源流动网络格局。三要关注"整体局部结合、远距近距结合"的长效体制机制构建，即既要重视域内全局性的体制机制建设，又要同步关注功能性、局域性的体制机制建设，如在全局性体制机制的框架内，依据东西向三条大动脉和南北向三个亚区域圈层的功能差异与实际需求，构建基于双边、多边乃至局域合作发展的功能性、局域性的长效体制机制，做好风险防控，以利于域内长期合作的稳步开展和持续发展。

中长期看，一要不断拓展和强化前瞻性的基础研究与关键性技术攻关。随着倡议本身的深入推进和实施，域内各国的经济社会必然取得快速发展，必然吸引更多的国家加入，也必然会给"丝绸之路经济带"带来一些新的变化、情况和问题。因此，通过加强域内外的合作交流，对域内资源环境生态变化情况实施长期跟踪、重点监测和系统研究，将是科学制定"丝绸之路经济带"绿色可持续发展战略的必然选择。必要时可以对新增成员实施资源环境生态准入制度。二要根据倡议推进和建设规划在实施中的实际与潜在需求，进一步细化、补充和完善"丝绸之路经济带"的建设规划与网络格局，提前做好谋划、布局、先导和试点等针对性的前期准备工作，必要时可以通过预实验的方式尽早研判形势、权衡利弊、模拟演练、调整策略，制定最低化风险的方案和应急预案。三要确定重点、长期坚持、加大投入、鼓励创新、技术攻关、重点突破。本书的研究结果显示，化石能源用地生态足迹的增长是"丝绸之路经济带"域内 50 个国家人均生态足迹增长的主导因素，因此需要域内各国尽早达成共识，着眼长远，首先将化石能源用地生态足迹有效降下来作为重点关注和攻关的重点。这不仅要大力提倡和鼓励域内各国调整转变经济增长方式、优化转型能源产业结构发展绿色低碳循环经济与资源节约型、环境友好型产业，也包括提倡和鼓励域内各国企业生产设备的技术创新和升级改造，以最大限度地减少化石能源的使用量与消耗量以及 CO_2 排放量，提高资源利用效率，待条件成熟时，可以考虑从国家或地区尺度出发，建立域内资源利用效率标准和"一国环境责任制"，按照能源生态足迹高低和不同地理分区，制定与之相适应和对应的环境责任等级及考核要求，责任到国，公平合理共担各自的环境责任；而更长远的是需要加大太阳能、风能、水电、核电及生物质能等新型能源和可替代能源的研发力度，同时可以通过设立“丝绸之路经济带”生态环境保护基金，加大生态与环境的保护力度和修复力度。

7.3.3 微观方案

近期看，一要结合中上层方案，不仅要大力组织政府高层、政商精英的交流互动和战略研讨，吸引一切可以吸引的力量，联合友好国家、国际组织和国际友人，全方位组织实施倡议理念和中国方案的宣讲、研讨与宣传；更要组织专门力量，重视境外媒体和互联网的传播作用，通过多渠道、多层次、生动鲜活的权威解读和案例展示，使倡议理念尽快得到最为广泛的政商认同和最为深厚的群众基础；同时依托中国及域内有实力的高校（科研机构）或优势学科，如生态学、草学、林学、地学、环境科学等，围绕山水林田湖草沙，设立若干绿色发展国际研究中心或培训机构，通过科研合作和人员交流，开展技术研发、示范推广及人员培训等，促进绿色、合作和创新发展的共同认知、协作意识与能力建设。二要选择综合条件相对成熟的国家或地区，结合“丝绸之路经济带”整体利益和当地政府以及民生福祉的现实需求，分轻重缓急，进行高质量的建设规划和多元化的战略投资，部分资金、技术相对欠缺的国家或地区甚至可以形成以我为主、互利共赢的投资和建设模式，通过重点合作、重点规划、重点建设和重点突破，形成重点示范，以高质高效和实利实惠获得切实的口碑与认同。三要注重作为倡议发起国的大国形象和大国责任，以求真务实、廉洁高效、互利共赢、共同发展的理念和优质高效的实际建设成效，示范、吸引和鼓励各成员国积极进行战略对接与合作共建；同时注重保护作为倡议发起国的国家需求和自身利益，特别要高度重视理顺和发挥中国在“丝绸之路经济带”或“一带一路”中的战略定位与比较优势，遵循“创新、协调、绿色、开放、共享”的发展理念，做到全国一盘棋，统筹规划、合理布局、绿色协调，重在凸显和强化内部的基础联通、优势互补、补足短板，实现合作共赢、绿色发展，尤其需要避免一哄而上，甚至恶性竞争，造成资源浪费、体外循环乃至利益外流的现象发生。

中短期看，一要建立不同层次的双边、多边乃至区域的战略研究团队，研究并共享各国发展战略、民生需求等成果，理解和尊重地方知识，依据生态学原理，实施综合生态系统管理和战略对接，联合提出个性与共性需求、整体与局部利益、近期与远期目标相结合的可操作性建议和实施方案。二要逐步强化三个共同体意识，倡导承担共同但有区别的责任，并逐步实现共同责任。从本书所展示出的资源利用结构成分分析结果可知，能源生态足迹是域内 50 个国家人均生态足迹增长的主导因素，而能源生态足迹和温室气体排放及各种环境污染问题均呈现出从发达国家或地区，到欠发达国家或地区，由高到低的分布特征。因此有必要从"丝绸之路经济带"整体、域内国家或局部区域尺度出发，制定实施"丝绸之路经济带"环境控制标准和相应的"一国环境责任制"，按照各国能源生态足迹的高低和各国发展实际制定与之相适应的环境责任等级，责任到国，定期考核，并根据各国的发展情况进行动态调整，逐步实现并承担各自公平合理的资源环境生态和可持续共同发展的责任。三要逐步强化域内各国基础设施联通建设和体制机制短板建设。在中上层方案重点规划建设"东西–南北"资源流动网络格局的基础上，要鼓励和支持域内各国综合各自资源流动供需实际和潜力，结合"丝绸之路经济带"整体战略、域内各国发展战略和民生福祉增长的实际需求与愿景，以连接"丝绸之路经济带"东西–南北资源流动网络为目标，着力规划建设和畅通各自国内基础联通设施短板，以形成域内整体无障碍资源流动网络。同时要鼓励、引导、指导并支持域内各国客观对待本国和利益相关国家的国别差异与现实矛盾，秉承"和平合作、开放包容、互学互鉴、互利共赢"的理念，以积极参与、主动作为、开放包容的姿态，系统梳理、查漏补缺、创新方式，制定合理的资源流动、合作共赢、共同发展的双边、多边乃至区域合作的体制机制和制度保障。

中长期看，一要根据"丝绸之路经济带"域内各国的资源环境生态本底条件、禀赋特征、分布规律、演化趋势、承载能力、流通潜力以及发展需求，积极推动域内各国加入“丝绸之路经济带”发展研究机构和长期定位观测台站建设，创新并实现资源环境生态科学数据及信息域内共享、专门人才联合培养的国际合作模式和机制，针对关键区域、重点关注、长期监测，通过合作研究、系统总结、及时调整，以适时支撑、共同推动“丝绸之路经济带”的绿色发展和合作共赢。二要根据不同国家或地区的资源禀赋、发展水平、经济社会等差异，引导和鼓励域内各国积极建立与完善各自的发展战略，发挥比较优势、调整发展模式、优化产业结构，加强管理创新和技术创新，提高资源利用效率；同时引导和鼓励域内各国对不同土地利用类型进行科学规划、优化分配、合理开发和高效利用。三要引导和鼓励域内各国创新方式、致力“五通”、保护环境、关注民生。根据本书所展示的域内不同资源的人均生态盈亏情况分析结论和所设计的域内“东西-南北”资源流动网络格局，为各国家或地区进一步有针对性、准确性地进行物质资源互补提供了基本的理论借鉴。在此基础上，首先要引导和鼓励域内各国开拓思想、包容差异、聚焦发展，积极注重地缘政治改善和地缘经济关系，致力于“五通”建设，共享“丝绸之路经济带”倡议红利；其次要引导和鼓励域内各国放大格局、着眼长远、创新方式，不仅要重视区域创新中心的辐射发展模式建设，还要重视战略性新兴产业和电商物流等现代基础设施发展，打造能够支撑和引领未来长远发展的新动力、新优势；再次要重视生态环境保护合作，在大力推进资源节约集约、高效利用，大力发展绿色环保产业、提高生态产品供给的基础上，完善生态环境保护制度，加大生态环境修复改善和综合整治力度，维护和提升生态系统多样稳定与服务功能；最后要关注民生，以民生福祉和民生发展为根本目标，充分发挥“丝绸之路经济带”倡议理念的优势，挖掘、创造和利用域内外各国家或地区资源产品互补优势，全面加强和开放能够直接互惠民生的医疗卫生、文化体育、科技教育、商贸往来、防灾减灾、反腐反恐等领域的合作，使普通民众在切实感受“丝绸之路经济带”建设对自身生活品质和生存环境改变的同时，也能形成普通民众生活习惯、消费观念、发展理念乃至个人素质等方面自觉的改变，共同服务于“丝绸之路经济带”的绿色可持续发展。

7.4 补充方案

站在人类命运共同体和经济全球化的大背景下，为加快“丝绸之路经济带”的快速推进和稳健畅通，尽早实现经济、环境良性协调的绿色可持续发展之路，除需要域内各成员国进一步加快基础联通、资源流动、优势互补和提高资源利用效率的共同努力外，仍需继续扩大域内参与成员国家作为有益地补充。

根据表 7-2 与表 7-3 分别显示的定点发展国家不同资源土地利用类型的人均生态盈亏潜在可流动量和生态盈亏可流动总量数据，可以得到以下启示。

表 7-2　定点发展国家不同资源土地利用类型的人均生态盈亏潜在可流动量

（单位：全球公顷）

国家	农业资源	草业资源	林业资源	渔业资源	化石能源	建筑用地
刚果	-0. 0141	0. 4050	2. 8882	0. 0445	-0. 0595	0. 0459
安哥拉	-0. 0791	1. 7318	0. 7450	0. 2909	-0. 1173	0. 0291
中非	-0. 0068	0. 0264	8. 1986	-0. 0127	-0. 0382	0. 0277
泰国	0. 1264	-0. 0132	-0. 0159	0. 0086	-1. 1059	0. 0532
老挝	0. 0032	0. 0205	0. 4409	0. 0314	-0. 1400	0. 0859
越南	0. 0550	0. 0050	-0. 0209	0. 1464	-0. 4332	0. 0823
印度尼西亚	0. 0032	0. 0445	0. 1255	0. 2873	-0. 4577	0. 0500
美国	0. 4455	-0. 0605	0. 5759	0. 2277	-7. 1005	0. 0805
加拿大	1. 3845	-0. 0041	9. 0473	3. 6545	-5. 2736	0. 0591

表 7-3　定点发展国家不同资源土地利用类型的生态盈亏可流动总量

（单位：全球公顷）

国家	农业资源	草业资源	林业资源	渔业资源	化石能源	建筑用地
刚果	-7.67×10^{5}	2.02×10^{7}	1.42×10^{8}	2.19×10^{6}	-3.18×10^{6}	2.41×10^{6}
安哥拉	-1.38×10^{6}	2.72×10^{7}	1.16×10^{7}	4.44×10^{6}	-2.04×10^{6}	5.15×10^{5}

续表

国家	农业资源	草业资源	林业资源	渔业资源	化石能源	建筑用地
中非	-2.54×10^{4}	1.02×10^{5}	3.08×10^{7}	-4.43×10^{4}	-1.51×10^{5}	1.09×10^{5}
泰国	7.98×10^{6}	-7.49×10^{5}	-1.09×10^{6}	5.56×10^{5}	-7.04×10^{7}	3.41×10^{6}
老挝	2.58×10^{4}	1.19×10^{5}	2.36×10^{6}	1.59×10^{5}	-7.79×10^{5}	4.81×10^{5}
越南	4.51×10^{6}	3.25×10^{5}	-1.58×10^{6}	1.18×10^{7}	-3.62×10^{7}	6.73×10^{6}
印度尼西亚	8.73×10^{5}	9.31×10^{6}	2.71×10^{7}	6.07×10^{7}	-1.00×10^{8}	1.09×10^{7}
美国	1.27×10^{8}	-1.71×10^{7}	1.66×10^{8}	6.49×10^{7}	-2.03×10^{9}	2.29×10^{7}
加拿大	4.35×10^{7}	-1.36×10^{5}	2.82×10^{8}	1.14×10^{8}	-1.66×10^{8}	1.87×10^{6}

中短期看，可以积极吸引和适度扩大域内成员国家，挖掘和定点吸引域外其他国家共同投身于“丝绸之路经济带”可持续发展的建设中来。一要继续扩大沿线或域内的国家成员，如以农业资源和渔业资源为主要生态盈余的泰国、老挝、越南与印度尼西亚等亚洲国家（事实上，截至2017年底本书基本完成初稿时，这些国家已经被纳入），以草业资源与林业资源为主要生态盈余的刚果、安哥拉与中非等非洲国家；二要针对域内特殊的资源短板和需求，可针对性地、定向地吸收具有明显资源互补特点和较大资源流动潜力的国家成为成员国，如以农林牧渔等资源为生态盈余状态的美国、加拿大、澳大利亚等域外国家。

中长期看，随着“丝绸之路经济带”和“一带一路”建设的稳步运行与健康发展、顺着“世界多极化、经济全球化、文化多样化、社会信息化”的世界潮流和发展大势以及人类“命运共同体、利益共同体、责任共同体”雏形的基本形成，可适时考虑更多数量、更大范围、更大程度的成员扩大需求，乃至扩大到世界上所有愿意成为友好成员的国家，共同走出一条符合国际社会的共同利益、合作共赢的繁荣发展之路，以彰显人类社会的共同理想和美好追求，并有力地推进世界和平发展和造福于世界各国人民。

总括来讲，本书所提出的方案，总体可以归结为五个方面：①形成以国内高质量发展为发动机，以核心区建设示范为推进器，以域内外成员扩展为润滑剂的以点带面、点线结合、分类推进的“丝绸之路经济带”总体实施方案。②在不断推进域内资源共享的基础上，通过科技和体制机制创新、发展模式和消费模式转变、强化资源利用效率提升、替代资源开发、产业结构和产业链转型升级等，形成有效降低域内生态赤字，提升生态支撑能力的绿色可持续发展模式。③通过构建政府部门间的合作共商机制、机构企业间的创新共赢机制、社会公众间的监督共管机制、合作伙伴间的协商共建机制、成果经验层面的交流共享机制以及配套的法律法规和运行机构，倡导和推动域内“一体化”、功能区化发展模式、产业集群化发展模式等现代产业体系，形成区域可持续发展长效机制和协同创新共同体。④通过关键区域生态环境长期综合监测台站网络、大数据共享平台和知识信息库的共建，实现域内的生态环境本底数据共享；通过共同设立生态环境保护专项基金或政府间合作基金，开展域内关键区域生态环境监测、研究比对及治理修复，加强支撑区域可持续发展的生态本底关注和适应性管理。⑤促进人员交流、技术培训和能力强化。可依托中国及域内有实力的高校（或科研机构）或优势学科（如生态学、草学、林学、地学、环境科学、大气科学以及区域经济学等），围绕山水林田湖草沙，设立若干个绿色发展国际研究中心、培训机构、创新示范区、成果转移转化示范区，通过科研合作和人员交流，开展技术研发、示范推广及人员培训等，促进绿色、合作和创新发展的共同认知、协作意识和能力建设。

总之，通过“丝绸之路经济带”绿色可持续发展的基本判断、总体方案、“近中远期、宏中微观”结合的主体方案和补充方案，较充分地考虑了各国在周边局势、政治经济、人文社会、自然资源、生态环境等方面的国别差异、发展水平、潜力需求；较全面地综合了域内整体利益与发展的顶层设计及战略布局、域内国家力量和战略的调动发挥与对接、社会企业力量和能力的吸引整合与优化、普通民众力量和意识的民生互惠与自觉以及域外潜在力量和愿景的适度补充与满足；较完整地兼顾了域内整体发展的全局战略与局地利益、结构调整与模式转变、环境保护与治理改善，域内自然资源的远距离流动与高效配置、合理利用与效率提升、技术进步与管理创新，进一步实现域内民生发展的理念认同与主动参与、命运共建与利益共享、责任共担与素质提升。相信通过全方位布局、全面规划、全员参与、全程发力，“丝绸之路经济带”生态赤字必将进一步缓解并根本扭转，域内经济社会发展模式必将有效改善并持续发展，也必将为世界的经济社会发展注入新的动力并提供绿色可持续发展的“丝路范式”。

第8章　研究展望

本书针对“丝绸之路经济带”绿色可持续发展研究存在的短板和紧迫问题，围绕域内资源环境生态的历史现状、演变趋势及其预测，对域内社会经济可持续发展的制约支撑、互补潜能、相互影响和作用关系，以及在时空维度上的变化、在全球维度下的定位及其变化趋势等问题，进行了较为系统深入的研究和有益的尝试。通过创新思路和方法，本书将“丝绸之路经济带”作为一个有机的整体，以生态足迹模型为主要切入点，利用生态足迹模型、生态经济系统发展能力计算模型、人类发展指数模型和生态效率计算模型，分别表征生态-环境系统、生态-经济系统、生态-社会系统、生态-文明系统，综合分析了“丝绸之路经济带”整体以及域内各国的可持续发展能力和合作潜力，获得并提出了一些具有很强参考价值的信息和战略构想的对策建议，研究有望为相关规划和决策的制定提供有益的借鉴。但同时，研究仍存在一些明显的不足和需要进一步深入的方面，具体如下。

8.1　研究具有一定的局限性

囿于“丝绸之路经济带”域内各国经济社会发展水平差异较大，相应研究的基础条件、能力水平、网络台站和数据积累均参差不齐，且整体相对薄弱、多有缺失，再加上成员国一直处于动态增加等因素，给获取长积累、高质量、强连续的数据资料造成了很大的困难，成为影响“丝绸之路经济带”绿色可持续发展研究局限性的主要因素。本研究的不足主要体现在以下三个方面。

8.1.1 数据性获取方面

（1）数据获取量不够。根据“丝绸之路经济带”域内各国数据的可获得性和相对完整性，本书尽最大限度和最长时限挖掘与补充了1991～2012年的数据，且仍存在部分缺失；2013年以后的数据，仍无法有效统一获得。总体数据获取的时限不够长、数据量不够大、时效性不够强。

（2）数据精细度不够。研究所采集的数据主要来源于各种公开网站，如中国一带一路网、全球足迹网、世界自然基金会、联合国开发计划署和世界银行等官方网站，且主要以国家为单元。一方面没有获得更为有效、更为一致、更为精细的区域乃至市县数据，另一方面已经获取的部分数据，还可能在之后的某个年份被重新订正。

（3）数据质量度不够。对部分缺失数据采用多种方法进行了补充，如芬兰、格鲁吉亚、蒙古国、伊朗、伊拉克、吉尔吉斯斯坦、塔吉克斯坦与土库曼斯坦等国家的部分数据来源于《地球生命力报告》或部分已发表文献，卢森堡、塞浦路斯、爱沙尼亚等国家的数据则是运用滑动平均法进行了补充。

通过数据采集、梳理和补充，本书最终获得了“丝绸之路经济带”可持续发展研究所需的1991～2012年有效数据。

8.1.2 对象国选取方面

“丝绸之路经济带”和“一带一路”并不是一个封闭式的会员俱乐部，而是一个广泛参与开放式的“朋友圈”，随着各国对倡议的认可度日益增强，参与国家也在持续的、动态的增加之中，所以很难有一个统一明确的成员国提法，本书以截至2016年底诸官方媒体和研究广泛讨论的、相对比较广义的50个沿线国家作为研究对象，进行了数据采集和分析研究，更多地体现出了研究所具有的尝试性、基础性和参考性的意义与价值，而研究的针对性、准确性、指导性可能相对不足。

8.1.3 预测性研究方面

研究的预测性部分和模型是基于前期的数据积累与分析结果而设计出的，但这部分数据积累和分析结果的时间跨度相对较短，因受到数据获得性、完整性、一致性和统一性等因素影响，虽然通过各种手段和努力，也只获得了1991~2012年的数据，这对预测结果的准确性、可靠性和更长期性的预测都会造成一定影响。

8.2 研究具有很强的基础性

本研究虽然受到如上所述的一些局限，但所获得的一些基本信息和基本结论仍具有很强的思路方法、基础指导与参考借鉴等意义。主要体现在以下三个方面。

8.2.1 方法可复制

无论将来参与“丝绸之路经济带”和“一带一路”倡议建设的国家在数量上如何变化，或准备重点吸引新的国家加入，或拟要设置相应的准入条件，都可以采取类似的思路和方法，对整体变化和区域国家进行针对性更强、前瞻性更好、可靠性更高的基础研究与策略调试。

8.2.2 模型可验证

“丝绸之路经济带”和“一带一路”倡议是2013年提出的，由于各方面限制，研究获取的数据主要为1991~2012年，同时对2013~2025年进行了预测。随着2013年之后数据的逐步发布和采集，必将对进一步预测模型的验证和修订提供很好的基础。

8.2.3 研究可对比

本研究尽管存在诸多不足，但这些不足恰恰可以为将来“丝绸之路经济带”和“一带一路”的相关研究提供新的思路。

（1）研究采集到的数据都是2012年之前的，2013年之后的数据没有采集到。而2013年又是“丝绸之路经济带”和“一带一路”倡议提出的年份，因此可以以2013年为界，进行倡议提出推进之前和推进之后的域内资源环境生态变化与总体可持续发展变化等情况的比对研究，可以作为倡议实施的阶段性效果评估和完善决策更加准确的参考。

（2）可以将本书研究结果及其所涉及的研究对象作为背景，以将来能够初步明确参与“丝绸之路经济带”和“一带一路”倡议建设的国家名录的某个时间为节点，选取所有参与国家为研究对象，与本书研究结果进行比对，为进一步的成员优化和吸引提供更为客观的参考。

（3）可以在“丝绸之路经济带”和“一带一路”成员对象越来越明确、近期数据越来越丰富的基础上，进一步对比、验证、修订和完善预测模型，为倡议的长远可持续发展战略的制定提供更为科学的参考。

通过以上展望，且不局限于这些展望，广泛开展深入研究，必将进一步丰富“丝绸之路经济带”作为一个有机整体的定量化分析，以及基于资源环境生态的整体性、系统性、动态性和不同区域的资源、环境、生态禀赋及其分布特征、历史现状、时空动态、演化规律、相互作用、发展趋势、互补潜能与应对策略等科学认识，也必将更好地服务于“丝绸之路经济带”和“一带一路”可持续发展战略布局与顶层设计等重大国家需求，服务于国际社会的根本利益和人类社会的共同理想与美好追求。

参 考 文 献

白永秀，王颂吉 . 2014. “丝绸之路经济带”的纵深背景与地缘战略 . 改革，(3)：64-73.

曹小曙，李涛，杨文越，等 . 2015. 基于陆路交通的丝绸之路经济带可达性与城市空间联系 . 地理科学进展，34（6)：657-664.

程广斌，龙文 . 2017. “丝绸之路经济带”城市可持续发展能力及其影响因素——基于超效率 DEA–面板 Tobit 模型的实证检验 . 华东经济管理，(1)：35-43.

杜德斌，马亚华 . 2015. “一带一路”：中华民族复兴的地缘大战略 . 地理研究，34（6)：1005-1014.

董锁成，黄永斌，李泽红，等 . 2014. “丝绸之路经济带”经济发展格局与区域经济一体化模式 . 资源科学，(12)：2451-2458.

国家发展改革委，外交部，商务部 . 2015. 推动共建丝绸之路经济带和 21 世纪海上丝绸之路的愿景与行动 . http：//www. xinhuanet. com/world/2015-03/28/c_ 1114793986. htm［2020-09-19］.

国家信息中心“一带一路”大数据中心 . 2017. 一带一路大数据报告 . 北京：商务印书馆 .

胡鞍钢，马伟，鄢一龙 . 2014. “丝绸之路经济带”：战略内涵、定位和实现路径 . 新疆师范大学学报（哲学社会科学版)，35（2)：1-10.

高标，房骄，何欢 . 2013. 吉林省生态足迹动态变化与可持续发展状况评价分析 . 农业现代化研究，(1)：95-99.

龚杰昌，李潇，曾先峰 . 2012. 基于生态足迹理论的陕西省可持续发展研究 . 西安交通大学学报（社会科学版)，32（6)：60-65，86.

龚琪，薛丽洋，潘峰，等 . 2012. 生态足迹和人类发展指数的兰州市可持续发展分析 . 西安科技大学学报，(1)：70-75.

郭利丹，周海炜，夏自强，等 . 2015. “丝绸之路经济带”建设中的水资源安全问题及对策 . 中国人口·资源与环境，25（5)：114-121.

贾百俊，李建伟，王旭红 . 2012. 丝绸之路沿线城镇空间分布特征研究 . 人文地理，(2)：103-106.

科技部 . 2017.《全球生态环境遥感监测 2017 年度报告》. http：//www. chinageoss. org/geoarc/index. html.［2019-01-15］.

李稻葵，程浩 . 2015. “丝绸之路经济带”的合作基础与投资策略 . 改革，(8)：29-38.

李稻葵，冯明，石锦建，等 . 2014. “丝绸之路经济带”发展前景及政策建议（工作论文）. intl. ce. cn/

specials/zxxx/201405/26/P020140526516141532455. pdf［2019-01-15］.

李德仁，余涵若，李熙. 2017. 基于夜光遥感影像的“一带一路”沿线国家城市发展时空格局分析简. 武汉大学学报（信息科学版），(6)：711-720.

李鹏，张晓敏. 2017. “丝绸之路经济带”资源环境成本及生态负荷强度的时空演变分析. 中国环境管理，9（3）：69-77.

李新，储成君，秦昌波，等. 2015. “丝绸之路经济带”环境形势分析及对策研究. 环境保护科学，41（6）：23-28.

李新武，张丽，郭华东，等. 2016. “丝绸之路经济带”干旱-半干旱区生态环境全球变化响应的空间认知. 中国科学院院刊，(5)：559-566.

李宇，郑吉，金雪婷，等. 2016. “一带一路”投资环境综合评估及对策. 中国科学院院刊，（6）：671-677.

李玉霞，肖建红，陈绍金. 2011. 国内外生态足迹方法应用研究进展. 安徽农业科学，(5)：2879-2881.

李泽红，王卷乐，赵中平，等. 2014. 丝绸之路经济带生态环境格局与生态文明建设模式. 资源科学，（12）：2476-2482.

刘东，封志明，杨艳昭. 2012. 基于生态足迹的中国承载力供需平衡分析. 自然资源学报，27（4）：614-624.

毛汉英. 2014. 中国周边地缘政治与地缘经济格局和对策. 地理科学进展，33（3）：289-302.

潘竟虎，胡艳兴，董晓峰. 2016. 丝绸之路经济带经济差异时空格局演变特征. 经济地理，036（001）：10-17.

齐明珠，李月. 2013. 北京市城市发展与生态赤字的国内外比较研究. 北京社会科学，(3)：128-134.

宋长青，葛岳静，刘云刚，等. 2018. 从地缘关系视角解析“一带一路”的行动路径. 地理研究，37（1）：3-19.

谭雪，石磊，王学军，等. 2016. 新“丝绸之路经济带”水效率评估与差异研究. 干旱区资源与环境，(1)：1-6.

王书华，毛汉英，王忠静. 2002. 生态足迹研究的国内外近期进展. 自然资源学报，(6)：776-782.

王国刚，杨德刚，乔旭宁，等. 2009. 基于生态足迹模型的新疆区域生态经济可持续发展能力变化分析. 冰川冻土，31（5）：969-975.

王书玉，卞新民. 2007. 江苏省阜宁县生态经济系统综合评价. 生态学杂志，(2)：239-244.

汪晓文. 2015. “丝绸之路经济带”建设中的产业合作研究. 经济问题，(5)：1-5.

王瑞江，陈其慎，聂凤军，等. 2016. 关于“一带一路”地学合作若干问题的思考. 地球学报，37（4）：433-440.

王志远. 2015. “丝绸之路经济带”的国际背景、空间延伸与战略内涵. 东北亚论坛，(5)：24-35，127.

吴炳方，曾红伟，陈曦. 2016. 基于空间认知的“丝绸之路经济带”耕地利用模式. 中国科学院院刊，

（5）：542-549.
吴健生，李萍，张玉清 . 2008. 基于生态足迹的城市地域可持续发展能力评价——以深圳为例 . 资源科学，（6）：850-856.
吴隆杰，杨林，苏昕，等 . 2006. 近年来生态足迹研究进展 . 中国农业大学学报，（3）：1-8.
吴梦初，延军平 . 2015. 丝绸之路东段生态支持能力与社会经济动态耦合 . 水土保持通报，35（2）：287-291.
向秀容，潘韬，绍洪，等 . 2016. 基于生态足迹的天山北坡经济带生态承载力评价与预测 . 地理研究，（5）：875-884.
谢新源，陈悠，李振山 . 2008. 国内外生态足迹研究进展 . 四川环境，（1）：66-72.
徐鹤，齐曼古丽・依里哈木，姚荣，等 . 2016. “一带一路”战略的环境风险分析与应对策略 . 中国环境管理，8（2）：36-41.
徐新良，王靓，蔡红艳 . 2016. “丝绸之路经济带”沿线主要国家气候变化特征 . 资源科学，38（9）：1742-1753.
徐中民，张志强，程国栋 . 2000. 甘肃省 1998 年生态足迹计算与分析，地理学报，55（5）：607-616.
徐中民，张志强，程国栋，等 . 2003. 中国 1999 年生态足迹计算与发展能力分析 . 应用生态学报，（2）：280-285.
徐中民，程国栋，张志强 . 2006. 生态足迹方法的理论解析 . 中国人口・资源与环境，（6）：69-78.
杨恕，王术森 . 2014. 丝绸之路经济带：战略构想及其挑战 . 兰州大学学报（社会科学版），（1）：23-30.
杨振，牛叔文，常慧丽，等 . 2005. 基于生态足迹模型的区域生态经济发展持续性评估 . 经济地理，（4）：542-546.
于会录，董锁成，李宇，等 . 2014. 丝绸之路经济带资源格局与合作开发模式研究 . 资源科学，（12）：2468-2475.
袁胜育，汪伟民 . 2015. “丝绸之路经济带”与中国的中亚政策 . 世界经济与政治，（5）：21-41，156-157.
岳立，杨帆 . 2016. “丝绸之路经济带”框架下中国与中亚五国能源效率评价——基于 CCR-BCC 和 Malmquist 指数分析方法的 DEA-Tobit 模型 . 统计与信息论坛，31（6）：37-43.
张爱菊，张白汝，杨贻琦 . 2013. 基于面板数据模型的生态足迹与经济增长的关系研究——以中部六省为例 . 统计与信息论坛，28（7）：54-61.
张强，杜志成 . 2016. 丝绸之路经济带上区域生态安全评价研究——以祁连山冰川与水涵养生态功能区为例 . 生态经济，32（10）：169-173.
张旺锋，苏珍贞，解雯娟 . 2010. 基于生态足迹的资源型城市土地利用低碳模式的探求 . 生态经济，（11）：73-76.
张志强，徐中民，程国栋，等 . 2001. 中国西部 12 省（区市）的生态足迹 . 地理学报，56（5）：599-610.
张祖群 . 2015. “古代丝绸之路”的当代地缘政治、经济升级版——基于“一带一路”的文献研究 . 云南地理环境研究，27（4）：7-14.

赵其国，沈仁芳，滕应.2016. 中国土壤安全一带一路发展战略的思考. 生态环境学报，25（3）：365-371.

周明.2014. 地缘政治想象与获益动机——哈萨克斯坦参与“丝绸之路经济带”构建评估. 外交评论（外交学院学报），（3）：136-156.

周涛，王云鹏，龚健周，等.2015. 生态足迹的模型修正与方法改进，生态学报，35（14）：4592-4603.

BP. 2017.《BP世界能源统计年鉴（2017年）》. 中国煤炭，（7）：174.

Anand S，Sen A. 2000. The income component of the human development index. Journal of human development，1（1）：83-106.

Bray F，Jemal A，Grey N，et al. 2012. Global cancer transitions according to the Human Development Index（2008-2030）：a population-based study. The lancet oncology，13（8）：790-801.

Chen Y，Li Z，Li W，et al. 2016. Water and ecological security：dealing with hydroclimatic challenges at the heart of China's Silk Road. Environmental Earth Sciences，75：881.

Howard K W F，Howard K K. 2016. The new “Silk Road Economic Belt” as a threat to the sustainable management of Central Asia's transboundary water resources. Environmental Earth Sciences，75（11）：1-12.

Hu D，Qu J，Hu X. 2017. On the Environmental Responsibility of Chinese Enterprises for Their FDIs in Countries within the One Belt and One Road Initiative. The Chinese Journal of Comparative Law，5（1）：36-57.

Huang J P，Yu H P，Dai A G，et al. 2017. Drylands face potential threat under 2 degrees C global warming target. Nature Climate Change，7：417-422.

Monfreda C，Wackernagel M，Deumling D. 2004. Establishing national natural capital accounts based on detailed ecological footprint and biological capacity assessments. Land Use Policy，21（3）：231-246.

Neumayer E. 2001. The human development index and sustainability-a constructive proposal. Ecological Economics，39（1）：101-114.

Rahimov F K，Mamadjonov Y M. 2015. Mineral Resource Potential of Tajikistan：As an Important Component of Sustainable Development of the Silk Road Economic Belt. Journal of Resources and Ecology，6（2）：125-128.

Rees W E. 1992. Ecological footprints and appropriated carrying capacity：what urban economics leaves out. Environment and Urbanization，4（2）：121-130.

Solmecke U. 2017. Multinational Enterprises and the'One Belt，One road'Initiative：Sustainable Development and Innovation in a Post-Crisis Global Environment. The Copenhagen Journal of Asian Studies，34（2）：9-27.

UNDP. 1990. Human Development Report 1990：Concept and Measurement of Human Development. New York：Oxford University Press.

UNDP. 2005. Human Development Report 2005：International Cooperation at a Crossroads：Aid，trade and security in an unequal world. New York：Palgrave Macmillan.

UNDP. 2006. Human Development Report 2006: Beyond scarcity: Power, poverty and the global water crisis. New York: Palgrave Macmillan.

UNDP. 2009. Human Development Report 2009: Overcoming Barriers: Human mobility and development. New York: Palgrave Macmillan.

UNDP. 2011. Human Development Report 2011: Sustainability and Equity: A better future for all. New York: Palgrave Macmillan.

UNDP. 2013. Human Development Report 2013: The rise of the South: human progress in a diverse world. New York: Palgrave Macmillan.

Wackernagel M, Lewan L, Hansson C B. 1999. Evaluating the use of natural capital with the ecological footprint: applications in Sweden and subregions. Ambio, 28 (7): 604-612.

Wackernagel M, Monfreda C, Erb K H, et al. 2004. Ecological footprint time series of Austria, the Philippines, and South Korea for 1961-1999: comparing the conventional approach to an 'actual land area' approach. Land use policy, 21 (3): 261-269.

Wackernagel M, Rees W E. 1997. Perceptual and structural barriers to investing in natural capital: Economics from an ecological footprint perspective. Ecological economics, 20 (1): 3-24.

Wackernagel M, Rees W. 1998. Our ecological footprint: reducing human impact on the earth. Philadelphia: New Society Publishers.

Wackernagel M, Onisto L, Bello P, et al. 1999. National natural capital accounting with the ecological footprint concept. Ecological Economics, 29 (3): 375-390.

Wackernagel M, Monfreda C, Schulz N B, et al. 2004. Calculating national and global ecological footprint time series: resolving conceptual challenges. Land use policy, 21 (3): 271-278.

Wang C, Wang F. 2017. China can lead on climate change. Science, 357 (6353): 764.

Xu Z, Zhang Z, Cheng G. 2000. The calculation and analysis of ecological footprints of Gansu Province. Acta Geographica Sinica-Chinese edition-, 55 (5): 607-616.

Xu Z, Cheng G, Chen D, et al. 2002. Economic diversity, development capacity and sustainable development of China. Ecological Economics, 40 (3): 369-378.

Yang D, Cai J, Hull V, et al. 2016. New road for telecoupling global prosperity and ecological sustainability. Ecosystem Health and Sustainability 2 (10): e01242. 10. 1002/ehs2. 1242.

Yin Y, Han X, Wu S. 2017. Spatial and Temporal Variations in the Ecological Footprints in Northwest China from 2005 to 2014. Sustainability, 9: 597.

Zhang N, Liu Z, Zheng X, et al. 2017. Carbon footprint of China's belt and road. Science, 357 (6356): 1107-1107.

附　　录

附录1　“丝绸之路经济带”不同资源土地利用类型的人均生态盈亏潜在可流动量

（单位：全球公顷）

国家	农业资源	草业资源	林业资源	渔业资源	化石能源	建筑用地
阿富汗	−0.0427	0.0718	−0.0573	0.0000	−0.0836	0.0028
亚美尼亚	−0.2321	0.0298	0.0112	0.0100	−0.6253	0.0606
奥地利	−0.1118	−0.0641	1.5877	−0.0518	−3.9595	0.0155
阿塞拜疆	−0.1317	−0.0208	0.0605	0.0138	−1.3005	0.0465
孟加拉国	−0.0391	−0.0018	−0.0841	0.0518	−0.1382	0.0509
白俄罗斯	−0.0398	0.0488	1.0277	−0.0485	−2.3456	0.0612
比利时	−0.5709	−0.5486	−0.3827	−0.0645	−4.6405	0.2259
保加利亚	0.2545	−0.0886	0.7950	0.0909	−2.1450	0.1032
中国	−0.0332	−0.0164	0.0509	−0.0232	−1.3855	0.0932
克罗地亚	−0.0803	0.0245	1.0242	0.2618	−1.9308	0.0529
塞浦路斯	−0.7018	−0.0891	−0.3036	−0.2259	−3.3682	0.0464
捷克	0.1069	−0.1405	0.6167	−0.0351	−3.8251	0.1237
丹麦	1.0136	−0.3741	−0.8127	1.0295	−4.0318	0.2232
爱沙尼亚	0.0976	−0.0320	2.3482	4.0052	−3.7476	0.1008
芬兰	0.0178	−0.1306	7.7875	1.3264	−3.5857	0.1743
法国	0.4841	−0.1650	0.3368	−0.0714	−3.0623	0.1891
格鲁吉亚	−0.2225	0.0925	0.5400	−0.0163	−0.3875	0.0438

续表

国家	农业资源	草业资源	林业资源	渔业资源	化石能源	建筑用地
德国	−0. 0255	−0. 1082	0. 1800	0. 0132	−3. 7805	0. 1732
希腊	−0. 1118	−0. 2855	−0. 1009	0. 0655	−3. 3732	0. 0586
匈牙利	0. 4768	0. 0227	0. 2777	−0. 0141	−2. 2173	0. 1373
印度	0. 0045	−0. 0091	−0. 1155	0. 0177	−0. 3409	0. 0382
伊朗	−0. 1425	−0. 0188	0. 0538	0. 0763	−1. 5725	0. 0825
伊拉克	−0. 1238	−0. 0113	0. 0225	−0. 0038	−0. 9988	0. 0363
爱尔兰	−0. 2436	0. 4195	−0. 0950	1. 5459	−3. 5032	0. 1241
以色列	−0. 7245	−0. 2155	−0. 3445	−0. 0564	−3. 7745	0. 0705
意大利	−0. 3632	−0. 4227	−0. 1505	−0. 0527	−3. 3027	0. 0618
约旦	−0. 4677	−0. 1400	−0. 1041	−0. 0264	−1. 0109	0. 0582
哈萨克斯坦	0. 3188	1. 8126	0. 1927	0. 03621	−4. 0559	0. 0345
吉尔吉斯斯坦	−0. 0400	0. 4288	0. 0313	0. 0375	−0. 4388	0. 0813
拉脱维亚	0. 0914	0. 1952	2. 1191	1. 5785	−1. 6023	0. 0806
立陶宛	0. 3267	−0. 0283	1. 0258	0. 0397	−1. 9520	0. 0820
卢森堡	−0. 3645	−0. 4923	−0. 1355	−0. 0923	−11. 5477	0. 1573
蒙古国	−0. 0650	6. 4863	4. 0100	0. 0763	−1. 1825	0. 0313
缅甸	0. 0741	−0. 0023	0. 3882	0. 2777	−0. 1500	0. 0814
荷兰	−0. 5955	−0. 3968	−0. 3955	0. 3332	−4. 1791	0. 1214
巴基斯坦	−0. 0173	−0. 0050	−0. 0827	0. 0223	−0. 2968	0. 0336
波兰	0. 0345	0. 0150	0. 2195	0. 0559	−2. 8250	0. 0705
葡萄牙	−0. 6414	−0. 1977	0. 6714	−0. 2623	−2. 6155	0. 0400
罗马尼亚	0. 0218	0. 0214	0. 7695	0. 0595	−1. 6677	0. 1095
俄罗斯	−0. 0664	0. 2086	3. 8183	1. 0189	−3. 4889	0. 0355
斯洛伐克	0. 0913	−0. 0208	1. 3118	−0. 0387	−2. 4658	0. 1077
斯洛文尼亚	−0. 3765	−0. 0859	1. 3855	−0. 0430	−3. 2156	0. 0342

续表

国家	农业资源	草业资源	林业资源	渔业资源	化石能源	建筑用地
西班牙	−0. 2127	−0. 0632	−0. 0427	−0. 3200	−2. 9600	0. 0364
瑞典	−0. 0777	0. 0873	5. 8232	2. 1986	−3. 4695	0. 2186
叙利亚	−0. 0605	0. 0177	−0. 0073	−0. 0055	−0. 9277	0. 0477
塔吉克斯坦	−0. 0813	0. 0325	−0. 0138	0. 0088	−0. 2088	0. 0663
土库曼斯坦	−0. 0138	1. 5050	0. 0013	0. 3063	−2. 7088	0. 1038
乌克兰	0. 2855	0. 0467	0. 2915	0. 0836	−2. 2624	0. 0588
英国	−0. 2123	−0. 1918	−0. 4286	0. 1991	−3. 7627	0. 1877
乌兹别克斯坦	0. 0139	0. 1389	0. 0370	0. 0327	−1. 5644	0. 0659

附录 2　“丝绸之路经济带”不同资源土地利用类型的人均生态盈亏可流动总量

（单位：全球公顷）

国家	农业资源	草业资源	林业资源	渔业资源	化石能源	建筑用地
阿富汗	-1.00×10^{6}	1.25×10^{6}	-1.22×10^{6}	-3.02×10^{3}	-1.95×10^{6}	6.08×10^{5}
亚美尼亚	-7.19×10^{5}	8.61×10^{4}	4.54×10^{4}	2.27×10^{4}	-1.94×10^{6}	1.86×10^{5}
奥地利	-9.13×10^{5}	-5.25×10^{5}	1.29×10^{7}	-3.92×10^{5}	-3.22×10^{7}	1.26×10^{6}
阿塞拜疆	-1.11×10^{6}	-1.68×10^{5}	4.86×10^{5}	8.77×10^{4}	-1.07×10^{7}	3.94×10^{5}
孟加拉国	-5.71×10^{6}	-1.06×10^{5}	-1.11×10^{7}	6.80×10^{6}	-1.94×10^{7}	6.94×10^{6}
白俄罗斯	-4.17×10^{5}	4.54×10^{5}	1.01×10^{7}	-4.96×10^{5}	-2.31×10^{7}	6.03×10^{5}
比利时	-5.94×10^{6}	-5.71×10^{6}	-3.98×10^{6}	-6.81×10^{5}	-4.84×10^{7}	2.35×10^{6}
保加利亚	1.94×10^{6}	-6.84×10^{5}	6.32×10^{6}	7.22×10^{5}	-1.70×10^{7}	8.25×10^{5}
中国	-4.37×10^{7}	-2.15×10^{7}	6.49×10^{7}	-3.17×10^{7}	-1.83×10^{9}	1.21×10^{8}
克罗地亚	-3.58×10^{5}	9.83×10^{4}	4.59×10^{6}	1.17×10^{6}	-8.54×10^{6}	2.40×10^{5}
塞浦路斯	-6.80×10^{5}	-8.51×10^{4}	-2.93×10^{5}	-2.14×10^{5}	-3.27×10^{6}	4.44×10^{4}
捷克	1.10×10^{6}	-1.45×10^{6}	6.37×10^{6}	-3.46×10^{5}	-3.95×10^{7}	1.29×10^{6}
丹麦	5.44×10^{6}	-2.03×10^{6}	-4.35×10^{6}	5.56×10^{6}	-2.16×10^{7}	1.20×10^{6}

续表

国家	农业资源	草业资源	林业资源	渔业资源	化石能源	建筑用地
爱沙尼亚	1.32×10^{5}	-4.54×10^{4}	3.30×10^{6}	5.57×10^{6}	-5.22×10^{6}	1.39×10^{5}
芬兰	6.78×10^{4}	-6.96×10^{5}	4.12×10^{7}	7.08×10^{6}	-1.89×10^{7}	9.16×10^{5}
法国	2.91×10^{7}	-9.85×10^{6}	2.04×10^{7}	-4.28×10^{6}	-1.84×10^{8}	1.13×10^{7}
格鲁吉亚	-9.73×10^{5}	4.07×10^{5}	2.41×10^{6}	-7.09×10^{4}	-1.69×10^{6}	1.96×10^{5}
德国	-2.17×10^{6}	-8.81×10^{6}	1.46×10^{7}	1.26×10^{6}	-3.07×10^{8}	1.40×10^{7}
希腊	-1.25×10^{6}	-3.10×10^{6}	-1.11×10^{6}	7.09×10^{5}	-3.68×10^{7}	6.43×10^{5}
匈牙利	4.84×10^{6}	2.09×10^{5}	2.84×10^{6}	-1.63×10^{5}	-2.26×10^{7}	1.39×10^{6}
印度	4.59×10^{6}	-4.82×10^{6}	-1.24×10^{8}	2.01×10^{7}	-3.78×10^{8}	4.15×10^{7}
伊朗	-1.02×10^{7}	-1.42×10^{6}	3.68×10^{6}	5.51×10^{6}	-1.12×10^{8}	5.81×10^{6}
伊拉克	-3.75×10^{6}	-3.63×10^{5}	6.49×10^{5}	-1.01×10^{5}	-2.81×10^{7}	1.01×10^{6}
爱尔兰	-9.52×10^{5}	1.65×10^{6}	-3.55×10^{5}	6.18×10^{6}	-1.40×10^{7}	5.03×10^{5}
以色列	-4.48×10^{6}	-1.36×10^{6}	-2.14×10^{6}	-3.51×10^{5}	-2.37×10^{7}	4.36×10^{5}
意大利	-2.11×10^{7}	-2.46×10^{7}	-8.72×10^{6}	-3.09×10^{6}	-1.92×10^{8}	3.60×10^{6}
约旦	-2.38×10^{6}	-7.21×10^{5}	-5.55×10^{5}	-1.21×10^{5}	-5.28×10^{6}	3.05×10^{5}
哈萨克斯坦	5.00×10^{6}	2.85×10^{7}	3.02×10^{6}	5.62×10^{5}	-6.46×10^{7}	5.40×10^{5}
吉尔吉斯斯坦	-2.25×10^{5}	2.25×10^{6}	1.58×10^{5}	1.96×10^{5}	-2.33×10^{6}	4.24×10^{5}
拉脱维亚	1.84×10^{5}	4.53×10^{5}	4.96×10^{6}	3.64×10^{6}	-3.70×10^{6}	1.88×10^{5}
立陶宛	1.06×10^{6}	-8.37×10^{4}	3.53×10^{6}	1.41×10^{5}	-6.61×10^{6}	2.77×10^{5}
卢森堡	-1.69×10^{5}	-2.30×10^{5}	-6.73×10^{4}	-4.24×10^{4}	-5.31×10^{6}	7.21×10^{4}
蒙古国	-1.74×10^{5}	1.66×10^{7}	1.06×10^{7}	2.05×10^{5}	-3.08×10^{6}	8.10×10^{4}
缅甸	3.52×10^{6}	-4.91×10^{4}	1.83×10^{7}	1.31×10^{7}	-7.28×10^{6}	3.95×10^{6}
荷兰	-9.45×10^{6}	-6.37×10^{6}	-6.31×10^{6}	1.31×10^{7}	-6.69×10^{7}	1.96×10^{6}
巴基斯坦	-2.37×10^{6}	-5.20×10^{5}	-1.17×10^{7}	3.36×10^{6}	-4.32×10^{7}	4.68×10^{6}
波兰	1.31×10^{6}	5.77×10^{5}	8.37×10^{6}	2.09×10^{6}	-1.09×10^{8}	2.72×10^{6}
葡萄牙	-6.59×10^{6}	-2.02×10^{6}	6.93×10^{6}	-2.71×10^{6}	-2.70×10^{7}	4.21×10^{5}

续表

国家	农业资源	草业资源	林业资源	渔业资源	化石能源	建筑用地
罗马尼亚	4.35×10^{5}	4.54×10^{5}	1.68×10^{7}	1.32×10^{6}	-3.65×10^{7}	2.39×10^{6}
俄罗斯	-9.83×10^{6}	3.04×10^{7}	5.56×10^{8}	1.48×10^{8}	-5.08×10^{8}	5.08×10^{6}
斯洛伐克	4.96×10^{5}	-1.30×10^{5}	7.05×10^{6}	-2.02×10^{5}	-1.33×10^{7}	5.74×10^{5}
斯洛文尼亚	-7.57×10^{5}	-1.72×10^{5}	2.78×10^{6}	-7.56×10^{4}	-6.46×10^{6}	6.79×10^{4}
西班牙	-8.87×10^{6}	-2.73×10^{6}	-1.72×10^{6}	-1.35×10^{7}	-1.26×10^{8}	1.59×10^{6}
瑞典	-6.97×10^{5}	7.67×10^{5}	5.23×10^{7}	1.98×10^{7}	-3.12×10^{7}	1.96×10^{6}
叙利亚	-1.12×10^{6}	2.77×10^{5}	-2.04×10^{5}	-9.10×10^{4}	-1.60×10^{7}	8.03×10^{5}
塔吉克斯坦	-6.00×10^{5}	2.13×10^{5}	-1.07×10^{5}	6.20×10^{4}	-1.43×10^{6}	4.68×10^{5}
土库曼斯坦	-8.14×10^{4}	7.25×10^{6}	3.83×10^{3}	1.42×10^{6}	-1.31×10^{7}	5.00×10^{5}
乌克兰	1.34×10^{7}	2.16×10^{6}	1.41×10^{7}	4.00×10^{6}	-1.10×10^{8}	2.79×10^{6}
英国	-1.27×10^{7}	-1.15×10^{7}	-2.55×10^{7}	1.19×10^{7}	-2.25×10^{8}	1.11×10^{7}
乌兹别克斯坦	3.90×10^{5}	3.44×10^{6}	8.54×10^{5}	7.82×10^{5}	-3.88×10^{7}	1.66×10^{6}